云南社科普及系列丛书

农村土地承包经营权流转
法律政策解读

丁　文◎著

中国农业出版社
北京

图书在版编目（CIP）数据

农村土地承包经营权流转法律政策解读／丁文著.
北京：中国农业出版社，2024.7. -- ISBN 978-7-109
-32159-5

Ⅰ. D922.325

中国国家版本馆 CIP 数据核字第 202491G3B2 号

中国农业出版社出版

地址：北京市朝阳区麦子店街 18 号楼

邮编：100125

责任编辑：张　丽

版式设计：小荷博睿　　责任校对：周丽芳

印刷：中农印务有限公司

版次：2024 年 7 月第 1 版

印次：2024 年 7 月北京第 1 次印刷

发行：新华书店北京发行所

开本：700mm×1000mm　1/16

印张：9.75

字数：140 千字

定价：68.00 元

前　言

　　我国是一个农业大国，"三农"问题一直是党和国家关注的焦点。改革开放以来，我国大力推行农村经济体制改革，逐步调整农村土地产权关系，确立了农村土地家庭联产承包责任制。家庭联产承包责任制是我国农村的一项基本经济制度，这项制度实行农村土地所有权和承包经营权相互分离，农村土地所有权归农村集体所有，一般由农业合作社等农村集体经济组织或村民委员会经营、管理，其集体成员则以家庭为单位，通过签订承包合同获得农村土地的承包经营权，进而自主进行农业生产经营活动，享有占有、使用和收益的权利，因而该制度也被称为农村土地承包经营制度。农村土地承包经营制度的实施、推广，有效调动了农民生产的积极性，大幅度提升农业生产效率，促进了农村经济稳定发展。

　　随着我国农村土地承包经营制度的不断发展，农民享有的农村承包地使用、流转、融资等权能日益丰富。党的十七届三中全会通过的《中共中央关于推进农村改革发展若干重大问题的决定》提出，按照依法自愿有偿原则，允许农民以转包、出租、互换、转让、股份合作等形式流转土地承包经营权，发展多种形式的适度规模经营。党的十八届三中全会更是强调稳定农村土地承包关系并保持长久不变，在坚持和完善最严格的耕地保护制度前提下，鼓励农村土地承包经营权的流转。党的十九大明确指出，要完善承包地"三权"分置制度，保持土地承包关系稳定并长久不变，农村土地承包经营权再次引起社会各界的广泛关注。农村土地"三权"分置指的是在坚持农村土地集体所有的前提下，将农村土地承包经营权细分为承包权和经营权，实现农村土地所有权、承包权和经营权三种权利相互分离，放活农村土地经营权，推动农村土地经营权规范有序流转。党的二十大报告强调，要深化农村土地制度改革，赋予农民更加充分的财产权益，保障进城落户农民合法土地权益，鼓励依法自愿有偿转让，进一步明确了农村土地承包经营权的权益实现路径。

近年来，云南省农村土地经营权的流转范围和规模不断扩大，有效推动了农业规模经营和农民增收致富，但随之引发的各类问题也逐渐显露，主要体现在部分基层政府工作人员和村组干部重视程度不够，缺乏宣传农村土地流转法律政策的主动性，其自身尚未掌握农村土地政策，更有甚者干扰农村土地经营权流转，侵犯农民合法利益；部分农户由于法律基础知识相对薄弱，难以理解专业性较强的法律政策条文，因而对农村土地相关法律政策认知程度不强，担心因流转土地经营权而丧失土地承包权，参与土地流转的积极性不高；承包大户、农民合作社和农业企业等经营主体担心政府政策不稳定，或是农民契约意识淡薄而随意违约，投资农业领域的信心不足。鉴于此，本书基于对农村土地承包经营权流转法律政策文本的考察，结合典型案例与问题剖析（案例中的地名及人名均为化名），运用通俗语言描述农村土地承包经营权的制度设计和法律政策，有助于帮助基层政府工作人员、村组干部、新型农业经营主体和普通农民等读者理解和使用法律政策，引导和规范农村土地流转程序，减少农村土地流转纠纷，推动农村经济发展，维护农村社会稳定。

目前，我国关于农村土地承包经营权流转的相关法律法规主要有《中华人民共和国土地管理法》《中华人民共和国农村土地承包法》《中华人民共和国农村土地承包经营纠纷调解仲裁法》《最高人民法院关于审理涉及农村土地承包纠纷案件适用法律问题的解释》《农村土地经营权流转管理办法》以及《中华人民共和国物权法》《中华人民共和国民法典》等。本书以我国农村土地承包经营权密切相关的最新版法律法规为依据，选择若干样本点进行实地调研，搜集整理基层政府工作人员、村组干部、新型农业经营主体和普通农民等利益主体关注度较高却认知模糊的法律政策问题，进而确定此次普法读本的具体清单，通过问答方式简述法律规章原文并进行相应解读，同时呈现典型案例与问题剖析过程。本书主要内容包括六个部分，分别是农村土地承包经营制度概述、农村土地承包经营权的基础知识、农村土地经营权的流转办法、农村土地承包经营权的纠纷处理、农村土地经营权的融资规定及云南农村土地经营权流转政策的部分解读。为了便于读者阅读和理解相关法律知识，本书在部分内容中增加了科普漫画（德宏傣族景颇族自治州总工会龚芮供图），附录部分还提供了农村土地承包经营权流转的合同范本，希望能给读者带来帮助。由于笔者长期在边境地区农村开展扶贫工作，编写时间相对不充足，书中难免存在一些不妥之处，敬请广大读者批评指正！

著 者

2023 年 12 月

目 录

前言

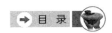

第一部分 农村土地承包经营制度概述

农村土地承包经营制度是我国农村的一项基本经济制度。党的十一届三中全会以来，我国农村集体经济组织实行"家庭承包经营为基础、统分结合的双层经营体制"，有效调动了农民农业生产的积极性，提高了农村土地资源利用效率和农民生活水平。随着我国农村土地承包经营制度的不断完善发展，农民享有的农村土地使用、流转、融资等权能日益丰富。党的二十大报告强调，要深化农村土地制度改革，赋予农民更加充分的财产权益，保障进城落户农民合法土地权益，鼓励依法自愿有偿转让，进一步明确了农村土地承包经营权的权益实现路径。再次引起社会各界的广泛关注。本部分主要围绕农村土地承包经营制度的基本内容、法律法规依据以及农村土地承包权、经营权的核心概念进行解读。

1. 农村土地承包经营制度的核心内容是什么？

农村土地承包经营制度是我国农村的一项基本经济制度，其实质是我国农村集体经济组织实行的"家庭承包经营为基础、统分结合的双层经营体制"。具体而言，家庭承包经营是核心，在此基础上，村集体也会根据实际情况在某些领域进行统一协调或经营，从而形成了家庭承包经营与村集体统一经营相互配合、有机结合的经营格局。这项基本制度改变了人民公社时期高度集中的统一生产和经营模式，给予了农民充分的主动选择权，农民可以根据各自家庭情况及市场需求进行农业生产经营，享有农村承包地的占有、使用和收益权利，有助于调动农民农业生产的积极性，提高土地资源利用效率和农民生活水平，保障我国粮食生产安全和农产品的供给质量，推动农村经济稳定有序发展。

② 如何理解"家庭承包经营为基础、统分结合的双层经营体制"？

党的十一届三中全会以来，我国大力推行农村经济体制改革，逐步调整农村土地产权关系，确立了"家庭承包经营为基础、统分结合的双层经营体制"，保持农村土地承包关系稳定且长久不变。具体而言，农村土地是农业生产的重要资源要素，在坚持农村土地等生产资料归属集体的前提下，土地权利属性可以划分为土地所有权和使用权两种类型，其所有权归属农村集体，一般由村民委员会代为管理，但土地使用权可以由本集体经济组织成员平等享有。家庭承包经营就是农户以家庭为单位，通过与集体之间签订的承包合同确定土地承包经营关系，获得农村土地使用权，也就是我们所说的土地承包经营权。在这种制度背景之下，农村集体的职责也发生了转变，主要负责提供或改善农田水利等基础设施以及为农民家庭承包经营提供相应的管理和服务。农村土地家庭承包经营和集体统一经营是相互结合的有机整体，符合我国农村社会发展特点和需求，是一项十分重要的农村经济制度创新。

③ 为什么要坚持农村土地承包经营制度？

农村土地承包经营制度是我国农村改革的一项重大成果，必须稳定且坚持不变。农村土地不仅是一种生产要素，而且同时具有财产功能和社会保障功能。首先，作为农业生产要素，农村土地具有生产性功能，采取家庭承包经营模式可以调动广大农民从事农业生产的积极性，按照多劳多得的原则，农民自主调整优化农业产业结构，扩大农产品的单位产量，同时也能更加注重保护和改善土地质量，提升土地要素的利用效率。其次，随着农村土地承包经营制度的不断发展完善，农村土地的财产性功能逐渐发挥出来，农民因土地获得的财产性收入也日益丰富。党的十九大明确指出，要完善农村承包地"三权"分置制度，坚持农村土地集体所有权、农民土地承包权和经营权相分离，充分保护农民集体成员的土地承包权，推动土地经营权规范有序流转，以此增加农民通过土地获得租金、入股分红等财产性收益，改善农民整体性经济收入水平。最后，农村土地承担着农民的社会保障功能，是农民生存、就业和养老的基本保障。坚持农村土地承包经营制度，保持农村土地承包关系稳定且长久不变，可以为农民提供应对危机的最后生存保障，在一定程度上解决农民的后顾之忧，进而能够释放农村劳动力，促使农民进城务工或向其他产业转移，也能通过流转农村土地经营权获取收益或发展规模经营。

4. 农村土地承包经营制度的现行法律法规依据有哪些？

改革开放以来，为了规范农村土地承包经营制度，我国出台了一系列与农村土地相关的法律法规，经过多年的完善和发展，农村土地承包经营的法律构成已经十分丰富，现行法律法规主要体现在五个层次：一是国家的根本大法《宪法》的相关规定，明确指出农村土地集体所有的范围界定。二是多领域、多视角的法律规定，《民法典》规定了农村土地承包经营制度、承包期限以及承包方、发包方的权利义务；《土地管理法》则全面规范了农村土地关系，经过 2019 年的修订之后，强化了耕地保护的相关要求，尤其对永久基本农田的保护红线规定得更为严格；《物权法》明确了农村土地承包经营权的用益物权性质，区分了农村土地承包经营权的抵押标准和条件；《农村土地承包法》巩固和完善了农村土地承包权和经营权的法律细则，在 2018 年修订之后，进一步提出进城农民自主处理土地承包经营权、保障妇女平等的土地承包权益和土地经营权融资担保等新的规范;《农村土地承包经营纠纷调解仲裁法》规定了农村土地承包经营纠纷的类型和纠纷调解、仲裁的相关流程,为解决农村土地纠纷问题提供了清晰的思路;除此之外,《农业法》《森林法》等法律也在不同程度上涉及农村土地承包经营制度。三是国务院根据《宪法》和其他法律制定的行政法规,如2021年施行的《土地管理法实施条例》,规定了农村土地登记发证依据和土地征收补偿标准。四是地方性法规和各部委的行政规章,2021年修订的《农村土地经营权流转管理办法》,将农村土地承包经营权修改为农村土地经营权,明确了土地经营权流转的具体规范,并且加强工商资本流转土地的审查力度。五是地方性规章政策,如云南省颁布的《关于开展农村土地承包经营权确权登记颁证工作的意见》,细化了农村土地承包经营权确权登记的基本原则和保障措施。

5. 农村土地承包经营权中的"农村土地"是指农民集体所有的土地吗?

农村土地承包经营权中的农村土地与农民集体所有土地的概念和内涵均不相同。一般而言,农民集体所有的土地是指所有权属于村集体的所有土地,包括农业用地、农村建设用地、自留地等。而农村土地承包经营权中的农村土地主要是农民集体所有和国家所有依法由农民集体使用的耕地、林地、草地,以及荒山、荒丘、荒沟、荒滩等"四荒"土地和养殖水面等其他依法用于农业生产经营的土地。从上述内容可以看出,农村土地承包经营权中的农村土地的范畴远小于农民集体所有土地。其中,耕地、林地和草地是最重要的农村承包土地,农村养殖水面虽然没有土地面积,却可以用来发展水产养殖,属于农用地的一种类型。"四荒"土地具有潜在的应用价值,可以在将来用于农业生产,也可以归属农村土地范畴。

6. 农村土地的发包方指谁？

根据我国《农村土地承包法》第十三条的相关规定："农民集体所有的土地依法属于村农民集体所有的，由村集体经济组织或者村民委员会发包；已经分别属于村内两个以上农村集体经济组织的农民集体所有的，由村内各该农村集体经济组织或者村民小组发包。村集体经济组织或者村民委员会发包的，不得改变村内各集体经济组织农民集体所有的土地的所有权。"通过上述法条可以看出，我国农村土地的发包方主要是指村集体经济组织、村民委员会或村民小组。这里的"村"主要是代表"行政村"，而非"自然村"的概念。随着我国农村土地承包经营制度的快速发展，部分农村集体经济组织已经解散或不健全，难以承担农村土地的经营管理职能，只能依靠村民委员会或村民小组代为发包。值得注意的是，在农村土地发包过程中，村集体经济组织或者村民委员会不能改变农村土地的所有权归属。

7. 农村土地的承包方包括哪些人？

根据我国《农村土地承包法》的相关规定，农村集体经济组织的农户可以通过家庭承包方式，承包本集体的耕地、林地等农村土地，并且每位农户家庭成员都可以平等享受土地承包的各项权益，不能人为设置门槛限制其他家庭成员的合法土地权益。除此之外，对于不适宜采用家庭承包方式的农村土地，比如荒山、荒沟、荒丘、荒滩，可以采取拍卖、招标等其他方式进行承包，承包方可以是本集体经济组织成员，也可以是集体之外的单位或个人，但同等条件下，本集体经济组织成员享有优先承包权。本集体之外的单位或个人承包农村土地，需要审查承包人的资质和经营能力，并且经过本集体经济组织成员的村民会议三分之二以上成员或者三分之二以上村民代表的同意，还要报给乡（镇）人民政府批准，才能签订承包合同。通过上述法律条文的解释可以知道，不同类型的农村土地，其承包主体也不尽相同。总体而言，农村土地的承包方主要是采取家庭承包方式的本集体经济组织成员，也包括采取其他承包方式的本集体之外的单位或个人。

⑧ 农村集体经济组织成员有何限定？

农村集体经济组织是一种生产资料归属集体所有，农户自愿组织成为以生产队为基础的合作组织，最初产生于我国 20 世纪 50 年代的农业合作化运动，主要形成了人民公社、生产大队和生产队三级组织形态。党的十一届三中全会以来，随着家庭承包责任制的逐步实施，统一集中经营的农村集体经济组织大多名存实亡，而农业合作组织又尚未普遍建立，因而农村集体经济组织的经营管理活动一般由村民委员会或村民小组代管。但作为一种民事权利的体现，农村集体经济组织成员的身份归属依然存在，这种身份不仅关乎集体成员的权利、待遇及其他平等享受的土地权益，而且对于推进农村集体产权制度改革、化解纠纷矛盾和确保农村社会稳定具有重大影响。

然而，我国目前有关农村集体经济组织成员资格认定的标准并不清晰，现行的相关法律法规也只是停留在名词界定层面，没有明确具体的资格认定条件，缺乏国家层面的统一规定。根据相关法律法规和各地成员资格认定实践来看，一般遵循依法认定、共同协商、尊重历史、结合现实等原则，综合考虑户籍关系、土地承包、居住情况、权利义务等因素，将户籍保留在特定农村集体经济组织所在地且长期在此生活或生产，并且与该集体经济组织发生权利义务关系的人员，确定为该集体经济组织成员。具体而言，这种成员资格的获取主要有三种方式：一是原始取得，即本集体经济组织自然出生且不存在户口迁移记录的常住人口，一般指的是第一轮农村土地承包时期就已获得成员身份的村民。二是依法加入取得，包括几种典型形式：父母双方或一方是本集体经济组织成员且户口保留在本集体经济组织所在地的合法出生人员，可以获得该集体组织成员资格；因婚姻、血缘、收养等原因且按照法定程序迁入本集体经济组织，并且与组织成员发生权利义务关系，可以获得该集体组织成员资格；因国家建设或其他政策性原因，统一将户口迁入本集体经济组织所在地的人员。三是依申请取得，符合国家法律法规或集体经济组织规定的人员，可以按照法定程序申请成员资格认定。

9 农村妇女享有农村土地承包经营权吗？

妇女的地位是衡量一个国家文明程度的重要标志。新中国成立以来，我国妇女地位发生了翻天覆地的变化，在政治参与、经济独立、教育就业和婚姻家庭等方面的平等权利获得明显提高，男女平等已成为一项基本国策。在我国广大农村地区，农村妇女的地位和作用日益重要，尤其是伴随城市化进程的不断加快，农村男性青壮年劳动力外出务工，留守的农村妇女时常要撑起家庭生活和农业生产的"半边天"。根据我国《农村土地承包法》可知，我国妇女享有与男性平等的农村土地承包权利，各级政府和农村土地发包方要充分保障妇女的合法权利，不能私设门槛或故意剥夺、侵害妇女享有的合法土地承包经营权。农村妇女自合法出生之时开始，只要属于农村集体经济组织成员，就应该按照该集体经济组织的土地承包方案，享有平等的土地承包权利。

然而，在我国部分农村地区，农村妇女因婚嫁、外出务工等原因丧失土地承包经营权的问题时有发生，严重损害了妇女的合法权益。2018年新修订的《农村土地承包法》进一步明确了农村妇女在土地承包期内的各项权利，既包括在农户家庭内享有与其他各个成员平等的权益，也规定了因婚嫁关系而在集体经济组织中的权益保障。《农村土地承包法》第三十一条规定："承包期内，妇女结婚，在新居住地未取得承包地的，发包方不得收回其原承包地；妇女离婚或者丧偶，仍在原居住地生活或者不在原居住地生活但在新居住地未取得承包地的，发包方不得收回其原承包地。"

通过上述法条可以知道，农村妇女因婚姻情况享有的土地承包权利主要分为两种：一是妇女结婚，妇女的土地承包权益受到法律保护，在现实生活中，一般农村妇女婚后到男方家居住，无论男方是否是农业户口，也不管妇女户口是否迁出，只要妇女在新居住地没有获得承包地，那么，承包期内，任何组织或个人都无权收回或侵害妇女的承包地及其相关权益。二是妇女离婚或丧偶，无论是否离开原居住地，只要没有获得新的农村土地承包经营权，发包方就不能收回原承包地。综上所述，农村妇女享有平等的农村土地承包经营权，且其权益受到法律保护。如果合法权益受到损害，妇女可以到村委会主张权利，也可以申请仲裁，甚至可以直接到法院起诉，以此维护自身合法权益。

10. 农村土地承包需要遵循什么原则？

农村土地承包要坚持"公开、公平、公正"的基本原则，处理好国家、集体和个人的关系，依法保障农村集体成员的合法土地权益。第一，公开原则指的是农村土地承包信息、程序和结果要公开，信息公开就是农村土地承包工作开始的时候，发包方要通过广播、告示、会议等形式，及时公布土地位置、质量等土地承包的相关资料，确保本集体经济组织成员掌握充分的承包信息；程序公开就是按照法律规定要求，明确农村土地承包的领导小组和承包方案，按照少数服从多数的原则，公开讨论方案的可行性；结果公开就是公开农村土地承包的实施方案和每户成员家庭承包结果，颁发相应的土地承包证书。第二，公平原则指的是本集体经济组织成员享有平等的农村土地承包权，农业合作社等农村集体经济组织或村民委员会、村民小组等发包方，应该公平对待所有符合条件的承包方，不额外设置承包门槛，不能干涉承包方自主经营权利。第三，公正原则指的是在农村土地承包过程中，发包方和承包方都应严格按照法律法规和承包方案操作，发包方不优亲厚友，承包方不挑三拣四。同时，对于其他不适宜采用家庭承包方式的农村"四荒"土地，也应该通过公开、公平和公正原则进行其他方式承包，并且要正确协调国家、集体和个人的合法利益。

11. 农村土地承包方式和承包期有几种？

根据我国《农村土地承包法》第三条规定："农村土地承包采取农村集体经济组织内部的家庭承包方式，不宜采取家庭承包方式的荒山、荒沟、荒丘、荒滩等农村土地，可以采取招标、拍卖、公开协商等方式承包。"由上述法律条文可知，农村土地可以由本集体经济组织内部成员，通过家庭承包方式进行承包，主要承包本集体的耕地、林地等农村土地，并且每位农户家庭成员都可以平等享受土地承包的各项权益。除此之外，对于不适宜采用家庭承包方式的农村土地，比如荒山、荒沟、荒丘、荒滩，可以采取拍卖、招标等其他方式进行承包，承包方可以是本集体经济组织成员，也可以是集体之外的单位或个人，但同等条件下，本集体经济组织成员享有优先承包权。归纳起来说，我国农村土地承包方式主要有家庭承包和其他方式承包两种方式。

农村土地承包期是农村土地承包关系的有效期限，对于稳定农村基本经济制度、保障农民土地权益和推动农村稳定发展具有十分重要的作用，要保持农村土地承包关系稳定长久不变，其具体期限可以根据农村土地的类型进行相应区分。我国《农村土地承包法》第二十一条明确规定："耕地的承包期为三十年。草地的承包期为三十年至五十年。林地的承包期为三十年至七十年。"耕地作为农村承包地的主要类型，其承包期限既要根据我国农村实际情况和农业生态特点决定，也要考虑承包经营权的稳定持续，还需注重经营方式的调整，经过多次承包实践的检验，30年耕地承包期较为合理，且到期后再延长30年。而草地和林地存在一定的特殊性，尤其是林地投资开发成本较大，部分林木丰产期来临较晚，因而灵活设置30～70年承包期，到期后按规定相应延长。

⑫ 农村土地经营权流转的方式有哪些？

随着我国城市化进程的不断加快，农村劳动力大量转移造成的农村土地抛荒问题日益严重，农业生产经营环境已经发生变化。在此背景之下，国家加快推进农村土地产权制度改革，提出农村土地所有权、承包权和经营权"三权"分置制度，进一步将土地承包经营权划分为承包权和经营权，有助于明确土地权利边界，可以在保障所有权和承包权利益的基础上，推动农村土地经营权的流转，增加农民的财产性收益。新修订的《农村土地承包法》规定，在农村土地承包期内，鼓励进城落户的农户，自愿把农村土地承包经营权交还给发包方（一般是村委会或村民小组），或者转让给同集体的其他农户，并获取一定的经济或其他补偿。如果农户不愿意放弃农村土地承包权，可以鼓励农户流转土地经营权，既可以增加农户自身收益，也能够提高农村土地利用效率。至于农村土地经营权流转的具体方式，我们可以从相关法律规章中找到答案。

《农村土地承包法》第三十六条规定，承包方可以自主选择农村土地经营权的流转方式，在承包期内，可以依法采取出租（转包）、入股等方式流转土地，但必须要向发包方备案。一是出租方式，承包方将部分或全部农村土地经营权租给本集体经济组织以外的单位或个人用于农业生产经营，收取一定期限的土地租金，但土地承包权仍归承包方所有，由承包方承担法定权利义务。二是转包方式，承包方将部分或全部农村土地经营权转包给同一个集体经济组织的其他成员，获得相应的土地转包费，土地承包权仍归承包方所有，转包方只享有土地经营权。三是入股方式，承包方将部分或全部农村土地经营权折算成股权，再用股权加盟公司从事农业生产经营，公司解散之后入股土地要归还承包方。

13. 农村土地经营权流转纠纷如何处理？

随着国家层面的重视和政策推动，我国农村土地流转的规模日益扩大，农村土地的财产性收益也逐渐突出，由此引发的农村土地纠纷也越来越多，包括历史遗留问题、土地界限问题、人口增减问题、土地流转问题等，纠纷类型和原因表现出较大的复杂性，严重影响了纠纷各方的利益关系和基层社会的和谐稳定。我国《农村土地承包法》第五十五条明确规定，农村土地经营权流转产生的相关纠纷，可以采取协商、调解、仲裁或诉讼等方式进行解决。所谓协商就是指纠纷当事人相互商量达成一致意见，一般会邀请有威望或影响力的第三人参与协商，协商结果对纠纷双方都有约束力，只要不是特别复杂的利益纠纷，通常纠纷双方都会接受"各退一步"的解决方案。调解一般指的是村委会调解和乡（镇）政府调解，农村土地流转纠纷发生之后，如果纠纷双方难以相互协商，通常会申请村委会帮助调解。村委会接受申请之后，会组织村委会主任、监委会主任以及村民小组干部等人员组成调解小组，协调解决纠纷。一旦村委会调解无法达成协议，则乡（镇）政府进一步进行调解。如果上述纠纷调解方式都不能奏效，或者纠纷当事人不愿调解，可以请求专门的县级农村土地仲裁机构进行裁决，也有权直接到法院进行诉讼。

14. 农村承包地的经营权可以融资担保吗？

农村土地经营权的融资担保问题由来已久，近年来，随着国家全面深化农村土地产权制度改革，逐渐赋予了农村土地经营权的融资担保权能，并经过先期若干试点区域的探索和实践，如云南省富民县、剑川县、砚山县等试点地区，已经取得了一些成果和经验。《农村土地承包法》第四十七条规定："承包方可以用承包地的土地经营权向金融机构融资担保，并向发包方备案。受让方通过流转取得的土地经营权，经承包方书面同意并向发包方备案，可以向金融机构融资担保。"根据上述法律规定可以知道，按照一定的标准、条件和程序，农村土地经营权可以用于融资担保。具体而言，在农村土地所有权、承包权和经营权相分离的框架之下，只要符合相关资格和条件，通过家庭承包方式或土地流转方式依法取得的土地经营权，都可以作为担保进行融资，并通过国家多部门联合发布的《农村承包土地的经营权抵押贷款试点暂行办法》，进一步明确了农村土地经营权抵押贷款的实施细则，包括抵押期限、贷款用途等。然而，值得注意的是，通过农村土地流转方式获得土地经营权的受让方，如果要用土地经营权进行融资担保，在向发包方备案之前，还必须获得承包方的书面同意，而在农村现实生活中，出于多方面因素的考虑，这项规定可能时常会遭到承包方的拒绝，导致通过流转方式获得土地经营权的受让方融资担保率偏低。另外，《农村土地承包法》还明确指出，通过招标、拍卖、公开协商等方式承包农村土地，经依法登记取得权属证书的，可以采取抵押方式流转土地经营权。总而言之，根据我国农村土地相关法律规定，农村承包地的经营权可以融资担保。

第二部分 农村土地承包经营权的基础知识

农村土地承包经营权是一项用益物权，农村土地承包方可以享有土地的占有、使用和收益等多项权利。随着农村集体经济产权制度改革的不断深化，农村土地所有权、承包权和经营权之间的界线更加清晰，《农村土地承包法》也依据新的现实环境进行了修订。2018 年修订的《农村土地承包法》，明确提出了稳定农村土地承包关系长久不变，进一步完善了农村土地承包经营权各项权能，围绕保障进城落户农民土地权益、农村妇女土地权益、土地经营权入股和融资担保等关键内容进行了重要修改，这就为新时代农村土地经营权流转以及增加农民的用益物权实现方式提供了新的思路。本部分的基础知识主要以上述背景为出发点，围绕 2018 年修订的《农村土地承包法》相关内容，通过"生动形象描述现实问题、采用典型案例反映问题、结合法条剖析问题和法条原文呈现"四个部分，解读重点法律条文，希望可以加深读者对具体法条的理解。

1. 农村承包地特指农村耕种的水田和旱地吗？

典型案例：红卫村村民胡某世代务农，农村土地二轮承包时期总共承包了耕地 3 亩*，其中旱地 1 亩、水田 2 亩，家庭主要经济来源于种植玉

---

* 亩是非法定计量单位，1 亩≈666.7 平方米。

米和滇皂荚。近年来，随着国家政策鼓励和各项资源的扶持，红卫村很多村民通过流转土地扩大种植规模，发展农业规模经营，不仅提高了农业生产效益和自身收入，还获得了国家的财政补贴。看到这种情况，村民胡某也心动了，他和家人商议着到村里转包10亩土地种植西番莲，但自己对农村土地流转的程序不了解，于是开始学习《农村土地承包法》等相关法律，并找到村委会主任咨询一些不清楚的法条。当看到"农村土地"定义的时候，胡某向村主任提出了疑问："农村土地不是特指农村耕种的水田和旱地吗？怎么在这个法条里指农村所有的土地？"

问题剖析：《农村土地承包法》所介绍的"农村土地"不是特指农村水田和旱地，也不是农村所有的土地。农村水田和旱地是耕地的重要类型，而根据《农村土地承包法》第二条的规定，农村土地除了农民集体所有和国家所有依法由农民集体使用的耕地之外，还包括林地和草地，以及"四荒"土地和养殖水面等其他依法用于农业生产经营的土地。从上述内容可以看出，农村土地的内涵远大于水田或旱地。然而，农村土地承包经营权涉及的"土地"范围又小于"农村所有土地"，"农村所有土地"一般称为"农民集体所有的土地"，是指所有权属于村集体的所有土地，包括农业用地、农村建设用地、自留地等。

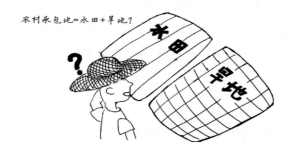

农村承包地＝水田＋旱地？

法条原文：第二条　本法所称农村土地，是指农民集体所有和国家所有依法由农民集体使用的耕地、林地、草地，以及其他依法用于农业的土地。

② 农村"四荒"土地如何承包呢？

典型案例：闫某是国内知名大学的应届毕业生，自幼生活在云南高寒山区的民族农村，家境贫寒，就读大学期间的学费和生活费主要靠国家资助和亲友帮扶。毕业之际，闫某希望回到老家从事农业生产经营，既可以陪伴父母，也能够利用所学知识做一些回馈家乡的事情。回到家乡之后，闫某通过田间地头的走访调查，发现村子里有很多荒山、荒丘等"四荒"土地，由于土地质量较差，多年来长期闲置，无人承包利用。闫某记得曾经看过国家大力发展休闲农业的相关文件，其中就有关于农村"四荒"土地的开发使用规定，鼓励各地利用"荒地"发展休闲农业，少数民族地区还能够享受建设用地的倾斜指标。闫某心想，这是一个非常难得的政策机会，如果能够动员村民承包本村乃至附近村寨的"荒地"发展休闲农业，或者吸引工商资本来投资开发，将会获得一笔不小的经济收益，也许会改变当地的发展面貌。他把想法告诉了村民们，大家都觉得想法很好，但也提出了疑问："四荒"土地应该如何承包呢？

问题剖析：根据我国《农村土地承包法》及相关法律规定，荒山、荒沟、荒丘、荒滩等农村土地，可以采取招标、拍卖、公开协商等方式承包。由此可知，"四荒"土地可以采取招标、拍卖、公开协商等方式承包，承包期限并没有明确规定，可以由发包方和承包方自行商议，但一般不超过50年。承包方可以是本集体经济组织成员，也可以是集体之外的单位或个人，但同等条件下，本集体经济组织成员享有优先承包权。本案例中，闫某和村民既可以按照上述方式和法定程序，向村集体经济组织申请承包，也可以吸引社会企业参与开发，但要严格遵循相关法律规定。

法条原文：第三条 国家实行农村土地承包经营制度。农村土地承包采取农村集体经济组织内部的家庭承包方式，不宜采取家庭承包方式的荒山、荒沟、荒丘、荒滩等农村土地，可以采取招标、拍卖、公开协商等方式承包。

3. 王某可以出售自己的承包地吗?

典型案例: 麦家村村民王某大专学历,毕业后入职一家房地产中介公司,但是在公司因得不到重用而整天垂头丧气,最终还是选择辞职回到了农村老家。回到家后的王某整天无所事事,消沉了一段时间之后,在父母的反复开导下,逐渐振作起来,开始思考未来的出路。他看到村中很多年轻劳动力外出务工,家庭承包的土地却无人耕种,于是他通过土地流转的方式承包了同村张某、李某等多户村民的土地8亩,加上自家地3亩,共计11亩土地,用于发展大棚蔬菜,流转双方签订了流转合同,承包期限为12年。承包期第四年,王某的资金链断裂,无法继续维持11亩大棚的种植,甚至连土地租金都难以支付。王母的父母建议他放弃承包土地,并且把自家的3亩耕地和大棚一起折价出售,价高者得,从而弥补承包以来的经济损失。王某很犹豫,他不清楚自己是否有权出售家里的承包地,不知该如何选择。王某家的承包地可以自由买卖吗?

问题剖析: 农村承包地不能自由买卖,王某不能出售自己的承包地。根据我国《农村土地承包法》第四条的规定,农村土地承包后的所有权仍归属村集体所有,承包方只享有承包权和经营权,不能买卖承包地。根据

上述规定可知，无论是王某自家承包的 3 亩耕地，还是流转而得的 8 亩土地，都不属于王某的私有财产，王某只享有土地承包经营权或经营权，土地所有权属于村集体，因而王某无权出售自己的承包地，但可以折价售卖蔬菜大棚以及按照法定要求再流转土地经营权。

法条原文： 第四条　农村土地承包后，土地的所有权性质不变。承包地不得买卖。

4 张主任有权剥夺村民的土地承包权吗？

典型案例： 北某村是一个以农业生产为主的村寨，农田水利设施较为完善，还建有若干个大小不一的池塘。前些年，每当遇到旱季，村民就会轮流用池塘储水进行灌溉，而在其他时间，池塘的养殖水面则通过公开协商的方式承包给村民进行水产养殖，每年春节前夕，承包户按照村集体每户户籍人口数量分配一定标准的水产，一般为每人一斤水产以代替租金，其余收益归养殖水面的承包户所有。近年来，随着农村青壮年劳动力的务工转移和农民生活水平的提高，留守村子的老人和妇女不再愿意承包池塘的养殖水面，造成村内的大小池塘长期闲置。2010 年 10 月，北某村村民杨某因投资失败赋闲在家，打算申请承包村中的养殖水面养鱼，村民们都表示支持，村委会也同意制定承包方案组织承包工作。但到申请承包的当天，村委会主任张某却拒绝接受杨某的承包申请，张主任认为杨某平时只顾着忙自己的生意，几乎不参与村上集体事务，现在生意失败了才想起回来申请承包养殖水面，应该取消承包资格。张主任有权剥夺村民的土地承包权吗？

问题剖析： 张主任无权剥夺村民的土地承包权。根据我国《农村土地承包法》的相关规定，农村土地承包经营权是农村集体经济组织成员的一项法定权利，任何组织或个人都不能剥夺或侵害。农村养殖水面属于农用地的一种类型，同样在农村土地承包经营权的规定范围之内，案例中的村民杨某作为村集体成员，理所应当地享有平等的承包经营权，甚至拥有高于集体之外组织或个人的优先承包权，因而村委会主任张某无权剥夺杨某的土地承包经营权利，张主任的做法是错误的。至于杨某参与集体活动不积极的问题，可以通过协商沟通等方式进行解决。

法条原文：第五条　农村集体经济组织成员有权依法承包由本集体经济组织发包的农村土地。任何组织和个人不得剥夺和非法限制农村集体经济组织成员承包土地的权利。

⑤ 农村妇女可以承包土地吗？

典型案例：董某和于某经熟人介绍得以相互认识，没过多久两人便确定恋爱关系，并很快步入婚姻殿堂。于某是田哇村村民，长期居住于此，依靠发展种植业和打零工获取经济收入，而董某属于非农业户口。结婚之后，董某随于某一起在田哇村居住，并且董某把户口也落到了田哇村。婚后两人生活幸福，一年后顺利产子。然而，不幸的是，在医院的一次常规检查中，检查发现其子患有先天性心脏病，治疗需要花费大量的费用。于某夫妻俩省吃俭用为儿子筹措医药费，可还是远远不够。于某趁着儿子病情稍微稳定，就决定进城打工，这样每个月就可以多一些收入。董某在家经营着自家的1亩耕地，并且照顾着小孩，平日除了日常事务也没有其他事情。不久后，田哇村村委会为了更好地发挥集体土地价值，解决部分无地或少地村民的土地问题，决定将部分预留的机动地进行发包。董某自嫁入田哇村以来，尚未获得承包地，听说此事之后，决定去村委会打听一下具体的承包程序，村委会工作人员却认为董某只是家庭妇女，没什么承包权，在家照顾孩子就行了。村委会工作人员的说法对吗？难道农村妇女不可以承包土地吗？

问题剖析：村委会工作人员的说法是错误的，农村妇女有权承包经营农村土地。根据我国《农村土地承包法》可知，我国妇女享有与男性平等的农村土地承包权利，各级政府和农村土地发包方要充分保障妇女的合法权利，不能私设门槛或故意剥夺、侵害妇女享有的合法土地承包经营权。

本案例中，董某属于非农业户口，无法享有农村承包地，因婚姻关系嫁入田哇村并且迁入了户口，已然属于田哇村集体经济组织成员，与男性享有平等的农村土地承包权利。面临侵犯自己合法承包权的行为，董某可以依法维权。

法条原文：第六条　农村土地承包，妇女与男子享有平等的权利。承包中应当保护妇女的合法权益，任何组织和个人不得剥夺、侵害妇女应当享有的土地承包经营权。

⑥ 农村土地承包过程中如何发挥"公开、公平、公正"原则？

典型案例：吉某村村民邹某长期在家务农，农闲时间主要从事生猪的养殖和交易。近期，邹某经常听村民谈起"荒丘"承包的事情，说是吉某村村委会近期要将村东南的几块荒丘打包，采取招标的方式进行发包，目前已经有村外人员和企业过来咨询了，甚至有些人已经报名登记。邹某心想自己长期养猪、卖猪也不是长久之计，刚好现在也积攒了一些资本，又和村副主任熟悉，打算承包下这片荒地种植果树，于是跑到村委会找村副主任了解承包事宜。邹某认为自己与村委会人员私交好，又是村里人，怎么算也能优先给自己承包。然而，村委会并没有满足邹某的要求，坚持按照"公开、公平、公正"原则进行土地承包。试问，上述农村土地承包中的"三公"原则应该如何具体发挥呢？

问题剖析：农村土地承包要坚持"公开、公平、公正"的基本原则，处理好国家、集体和个人的关系，依法保障农村集体成员的合法土地权益。根据我国《农村土地承包法》可知，公开原则指的是农村土地承包信息、程序和结果要公开，公平原则指的是本集体经济组织成员享有平等的农村土地承包权，公正原则指的是在农村土地承包过程中，发包方和承包方都应严格按照法律法规和承包方案操作。在本案例中，"三公"原则的体现即是在公开承包信息之后，不因承包方的亲属关系和地位而刻意倾斜标准，公平、公正地对待每位参与者。

法条原文：第七条　农村土地承包应当坚持公开、公平、公正的原则，正确处理国家、集体、个人三者的利益关系。

❼ 村委会可以强行收回承包方的土地吗？

典型案例：弄某村的气候属于亚热带季风气候，其农业主要以种植水稻、玉米、小麦、甘蔗、茶叶等为主，但基本都只限于以家庭为单位的小规模经营。弄某村自 2016 年开始积极鼓励村民进行土地流转，一方面可以增加转出家庭的租金收入，另一方面也可以解放更多劳动力从事其他工作。龚某是弄某村的村民，因之前生过一场大病，目前仍然在调理之中，无法外出打工。因此，龚某和妻子商量后决定承包该村村集体所拥有的 2.6 亩土地，并与村委会签订土地承包合同，合同约定承包期为 5 年，年租金为 2 000 元。之后龚某就开始进行机械化水稻种植，他非常勤劳肯干，天公又作美，当地的气候一直适宜水稻生长，前两年水稻收成都非常不错。到了第三年，该村来了一位企业家，该企业家也看上了龚某承包的 2.6 亩土地，想用来进行蔬菜大棚种植，给村委会承诺愿意付双倍租金。村主任听到此消息后非常激动，觉得有利可图，随即告诉龚某说他违背了合同的约定，没有很好地维护土地，对土地造成了很大的损害，于是强行收回了之前承包给龚某的土地。经过多方协调无效，龚某将村委会告上法庭，希望村委会履行合同约定并就其违约行为进行相应赔偿。上述情况之下，村委会可以强行收回承包方的土地吗？

问题剖析：根据案例提供的信息，村委会无权收回承包方的土地。根据我国《农村土地承包法》可知，国家保护农村土地承包方的合法土地经营权，任何组织和个人不得侵犯。案例中的村委会主任为了高额的土地租金，捏造龚某损害土地的虚假理由，强制收回土地承包经营权是错误的，甚至是违法的，完全背离了作为农村集体经济组织代管方的责任和担当，甚至损害了部分农业经营主体的积极性，理应按照承包合同承担违约责任。

法条原文：第八条　国家保护集体土地所有者的合法权益，保护承包方的土地承包经营权，任何组织和个人不得侵犯。

8. 农村土地承包方可以选择流转土地吗？

典型案例：米某自幼生活在边境少数民族村寨，一直经营着自家的2.4亩土地，平时就会种植一些水稻、玉米、土豆等作物。2015年初，米某进城办事情时，看到一家饭店在转让，于是和老板打听了一下转让的价格，碰巧的是价格在他的预期之内，于是他打算接下这间店铺，和老板商议并承诺两天后给其答复。回到家后，米某把这件事告诉了家人，家人都一致觉得非常可行。两天后，米某花了3万元接手了这家饭店，举家过来经营。经过简单的装修，饭店于2015年4月正式开张，饭店生意一直非常火爆，3个月的营业收入远超种地一年的回报。既然如此，米某认为自家的土地也就没必要继续耕种了，但土地闲置也是浪费，于是和同村村民雷某达成了口头流转协议，由雷某耕种自己的土地，每年只需给其1 000斤（1斤＝0.5千克）谷子。看似一场很平常的土地流转行为，可是村里有人认为米某是在私自买卖土地，这是违背相关法律法规的，应当对米某进行相应处罚。米某的土地流转行为有问题？

问题剖析： 米某的土地流转行为不存在问题，他可以自主选择农村土地承包经营权的流转方式。根据我国《农村土地承包法》相关规定，我国农村土地承包方可以选择自行经营承包地，也可以流转土地经营权，由其他人经营土地。案例中的米某通过口头协议的方式，将2.4亩的土地经营权转包给雷某，并收取一定的实物租金，符合我国相关法律法规的要求，但口头协议的方式不够严谨，容易引起纠纷，还需签订正式的土地流转合同，明确流转双方的权责义务和具体注意事项。

法条原文： 第九条　承包方承包土地后，享有土地承包经营权，可以自己经营，也可以保留土地承包权，流转其承包地的土地经营权，由他人经营。

9. 赵某可以私自占用他人承包地耕种吗？

典型案例： 小园村村民江某通过家庭承包方式承包了村里3亩耕地，并获得土地承包经营权证，将耕地一直用于种植玉米。2008年以后，江某在同乡的介绍之下，举家前往广东务工，逢年过节才会回村一趟，于是每年就在家里的3亩耕地里随意种一些玉米、甘蔗，以防土地抛荒。事实上，江某平时也没时间去耕地打理。两年后的一个假期，江某像往常一样回到老家，一时兴起，便去自家地里转转。不曾料想，自家的耕地早已不见玉米和甘蔗的踪影，到处都是红薯藤叶。江某通过私下了解，才得知是同村的赵某见自己常年不在家，私自占用了耕地。江某通过村委会与赵某协商，要求赵某归还土地并赔偿损失。双方协调无果，江某于是将赵某诉至法院，请求维护自身权益。赵某的行为合法吗？他可以私自占用他人承包地耕种吗？

问题剖析： 国家保护农村土地承包方的合法经营权利，未经同意，赵某无权占用他人承包地耕种。根据我国《农村土地承包法》相关法条可知，农村土地承包经营权人的合法权益，不受任何组织和个人的侵害。案例中的江某拥有土地承包经营权证书，合法取得3亩耕地承包经营权，赵某未经江某同意，擅自侵占其耕地种植，属于侵权行为。江某有权要求赵某停止侵权，及时归还土地并根据甘蔗和玉米的损失进行相应赔偿。

法条原文：第十条 国家保护承包方依法、自愿、有偿流转土地经营权，保护土地经营权人的合法权益，任何组织和个人不得侵犯。

⑩ 农村承包地可以用来新建饲料加工厂吗？

典型案例：村民周某承包了村里的5亩土地，用来种植桑树养蚕，承包期为30年。周某和村委会签订了正式的农村土地承包合同，也取得了合法的土地权属证书。经过几年辛勤劳作，周某桑园的桑树长势良好且丰产时间较长，其养蚕收益也日渐提高。然而，好景不长，由于周某的桑园地势较低，且周边种植着大量甘蔗，桑园的桑树经常受到甘蔗防虫药剂的影响，桑叶质量下降甚至造成蚕大面积死亡。周某私下观察了很久，也没有搜集到附近农户喷洒农药的证据，情绪低落，便放弃了种桑养蚕的事业。他心想着，反正这块地承包期有30年，种不成桑树也不能闲着，现在村子周边的养殖业很兴旺，不如利用这块土地新建饲料加工厂，收益肯定好。于是，周某在未办理过任何手续的情况下，快速建起了加工厂。这件事很快被村委会知晓，村委会工作人员找到周某，让他立即停止建厂，尽快恢复土地原状。周某可以在承包地上新建饲料加工厂吗？

问题剖析：周某不可以在承包地上新建饲料加工厂，要恢复土地原状，如果对承包地造成损害，还应承担相应的赔偿责任。农业用地是我国农业生产的重要稀缺资源，关系到国家的粮食安全和民众的生活福祉，其重要性不言而喻。各级政府、农村土地发包方、承包方和受让方都应该严格遵守相关法律规定，切实保障农业用地的农业化用途。根据我国《农村土地承包法》相关规定可知，农村承包地未经批准不能用于任何非农建设。案例中的周某未经任何程序，私自用承包地建设饲料加工厂，改变了土地的农业用途，甚至造成土地质量的损坏，作为发包方的村委会有权要

求周某停止破坏行为。

法条原文：第十一条　农村土地承包经营应当遵守法律、法规，保护土地资源的合理开发和可持续利用。未经依法批准不得将承包地用于非农建设。

11. 乡（镇）人民政府有辖区农村土地承包管理之责吗？

典型案例：吴某安是瓦镇集岸村村民，在第二轮农村土地承包时期，吴某安没有获得集岸村的土地承包经营权，其家庭承包份额也由村委会发包给其他村民承包。吴某安多次找到集岸村委会协商沟通，都被村委会以历史遗留问题等原因搪塞，拒绝给其土地承包权。无奈之下，吴某安只能请求当地土地仲裁机构进行纠纷仲裁，最终的裁决结果指出，集岸村集体经济组织或村委会应与吴某安签订农村土地承包协议，保障吴某安合法的土地承包权益。然而，作为农村土地实际发包方的集岸村村委会，一直未曾执行仲裁机构的裁决方案。于是，吴某安多次咨询瓦镇人民政府，请求镇政府责令集岸村村委会归还土地承包经营权并与其签订承包合同。但吴某安始终没有得到镇政府的回复。试问，瓦镇人民政府有责任及时处理和回复吴某安的申请吗？

问题剖析：乡（镇）人民政府有辖区农村土地承包管理之责，瓦镇人民政府有责任及时处理和回复吴某安的申请。根据我国《农村土地承包法》第二十条规定可知，乡（镇）人民政府要承担本行政区域的农村土地承包经营及合同管理工作。案例中，吴某安的土地承包经营份额被村委会发包给其他村民，吴某安与村委会发生土地承包纠纷，作为管理主体的镇政府，应该在接受吴某安申请之时，及时调查了解纠纷情况，根据法定依据和管理之责督促村委会返还吴某安农村土地承包经营权。

法条原文：第十二条　……乡（镇）人民政府负责本行政区域内农村土地承包经营及承包经营合同管理。

⑫ 村委会可以改变村民小组的土地所有权归属吗？

典型案例：上加村是滇西山区人口较多的行政村之一，全村共有20个村民小组，4 000多位村民，现有农村耕地 7 752亩。近年来，由于村中人口流动性较大，尤其是上加村核树一组和核树二组，新增人口和流出人口各自的变化幅度已接近一半，两组便商量着将各自村民小组的部分土地拿来重新承包，以缓解无地或少地村民之间的矛盾。核树一组和核树二组尚未建立各自的集体经济组织，对土地承包相关的法律法规也不是很清楚，于是他们委托上加村村委会代为进行土地发包工作。上加村村委会考虑到土地承包的公平性和分配效率，为了避免村民因土地位置、质量等问题产生纠纷，就将核树一组和核树二组的土地混在一起，根据相应的承包份额，由参与承包的两组村民随机抽选，根据抽签的结果签订土地承包合同，但合同中并未明确承包地的所有权，也就是说核树一组村民承包的土地所有权可能是属于核树二组的。两个村民小组部分村民对这种承包方案提出了质疑，他们认为在以前的生产队时期，都是自己承包本生产队的土地，从来没有混在一起承包的，认为这种分配方法不妥，但又说不出具体的法律法规依据。上加村村委会认为，不管是核树一组还是核树二组，都属于上加村这个大集体，让集体成员在这些承包地里随机选择，更有利于公平，没什么不合适的地方。那么，村委会在农村土地承包时期，可以改变村民小组各自的土地所有权归属吗？

问题剖析：村委会在农村土地承包时期，不可以改变村民小组各自的土地所有权归属关系。根据我国《农村土地承包法》的相关规定，农村土地分别归属村内两个村集体经济组织的农民集体，由这两个村集体经济组织或村民小组各自发包本组土地。如果村集体经济组织或村民小组委托村委会进行土地发包，村委会发包时不能改变原属集体的土地所有权。案例中的上加村村委会在农村土地发包时，将原属核树一组和核树二组的土地混在一起分配，打乱了土地所有权的初始归属关系，不符合相关法律规定，因而其做法是错误的。

法条原文：第十三条　农民集体所有的土地依法属于村农民集体所有的，由村集体经济组织或者村民委员会发包；已经分别属于村内两个以上农村集体经济组织的农民集体所有的，由村内各该农村集体经济组织或者村民小组发包。村集体经济组织或者村民委员会发包的，不得改变村内各集体经济组织农民集体所有的土地的所有权。

……

⑬ 农村土地发包方可以督促承包方合理利用土地吗？

典型案例：洒庄村村民玉某承包了村里 10 亩土地，用于种植老品种西番莲。由于这块土地土壤肥沃，耕种条件非常优越，自种植西番莲以来，西番莲的产量和口味都非常不错，玉某也因此获得了一些经济收入。过了几年，由于市场变化和新品西番莲的冲击，玉某的西番莲种植受到影响，收益持续减少，有时甚至只能收回种植成本，这对玉某来说是一次非常大的打击。经过一番思考，玉某打算放弃在家发展种植业，和同村人一起出去务工，因为打工的收入比现在的收入高很多。承包期的第五年，玉某带着家人一起外出务工，承包的土地随便扔了些种子，随其闲置。事实上，这些种子最终也并未成长。一年后，洒庄村村委会发现了玉某闲置土地的事情，由于这块土地质量相对较高，抛荒闲置实在可惜，村委会便联系玉某，告诉他农村承包地的稀缺性及重要价值，也提醒玉某要充分利用承包地资源，长期抛荒土地会造成土地资源浪费，如果自己长期外出务工，可以将土地转包给其他农户种植。玉某认为村委会多管闲事，自己承包了村里的土地，就应该享有独立自主的经营权，村委会无权干涉。请问：村委会督促玉某的做法正确吗？

问题剖析： 村委会督促玉某合理利用承包地的做法正确，农村土地发包方有权督促承包方合理利用和保护土地。根据我国《农村土地承包法》第十四条的规定，农村土地发包方有权监督承包方合理利用和保护土地。案例中的洒庄村村民玉某外出务工，虽然在承包地里播撒了一些种子，但土地闲置一年的事实已然存在，作为发包方的洒庄村村委会有权监督玉某的土地利用行为，督促玉某按照承包合同合理利用承包地。

法条原文： 第十四条　发包方享有下列权利：

……

（二）监督承包方依照承包合同约定的用途合理利用和保护土地；

……

⑭ 村委会有权要求农村土地承包方必须种植甘蔗吗？

典型案例： 坎子村村民自 2020 年 3 月以来，一直听到村上的广播喇叭播放通知，大致意思是这样的：按照县上的统一规划安排，坎子村被列为全县甘蔗种植规划区，需要承担 200 亩的甘蔗种植指标，凡在村西头大红山有承包地的农户，必须在 2020 年 5 月以前，到村委会签订甘蔗种植协议，由村委会提供种植服务和相应的产业补助，每亩甘蔗每年补助 100 元。大部分村民觉得种植甘蔗还能享受补贴，比自己零散的种植玉米和水稻好多了，便欣然同意。但是，仍有一些村民想继续种植玉米，对这种统一种植甘蔗的安排存在顾虑和担忧，一方面，他们认为前几年村上也承担过类似的工作任务，要集中部分土地种桑养蚕，结果却失败了，种桑当年不仅没有获得土地经营收益，还浪费了大量的劳动力，得不偿失；另一方面，听说每年甘蔗收割的时候，种植户要根据当地唯一——家糖厂的统一安排，领取到甘蔗票才能砍甘蔗出售，而依据往年的情况来看，这种甘蔗票发放的时间和标准很混乱，很多农户曾因砍完甘蔗而拿不到甘蔗票，导致甘蔗暴晒后糖分流失。针对这些不同意集中种植甘蔗的农户，村委会挨家挨户做动员工作，并强调这是县里的统一安排，不种甘蔗就是不支持县里、不支持国家的建设，如果最后还不同意就要强制种植甘蔗了。村民们很无奈，想着以后还有很多事需要依靠村里来办，只能硬着头皮种植甘蔗了。请问：坎子村村委会有权要求村民必须种植甘蔗吗？

问题剖析：坎子村村委会无权要求村民必须种植甘蔗，这是违反村民自主经营的错误行为。根据我国《农村土地承包法》的相关规定，农村土地发包方不得干涉承包方的合法经营行为，承包方有权自主组织正常的农业生产经营活动。虽然说作为发包方的村委会，有权监督承包方的土地利用情况，但发包方的权力是有严格限制的，比如案例中的坎子村农户，想要自主种植玉米的正常经营行为，村委会是无权干涉和强制的。村委会想要完成上级安排的甘蔗种植任务，首先要消除村民内心的顾虑，协调完善相关配套措施，还要采取更加灵活的方式，通过农村土地流转的方式，租种不愿意种植甘蔗的土地，有效满足各方的实际需求。

法条原文：第十五条　发包方承担下列义务：

……

（二）尊重承包方的生产经营自主权，不得干涉承包方依法进行正常的生产经营活动；

……

第十七条　承包方享有下列权利：

（一）依法享有承包地使用、收益的权利，有权自主组织生产经营和处置产品；

……

⑮ 外嫁女是否享有其娘家的农村土地承包经营权呢？

典型案例：兴盒村村民李某祖，今年 65 岁，有三个孩子，两个儿子分别叫李某繁和李某昌，女儿叫李某红。在农村土地承包时期，李某祖通过家庭承包的方式，承包了村里的 7 亩土地，一直用于农业生产。李某祖的妻子早些年因病去世，他独自一人拉扯大三个孩子，随着岁月的更替，李某祖的两个儿子都已成家立业，女儿也嫁到外村。大儿子李某繁大学毕业之后，考上了城里的事业单位，户口也迁入单位所在地，逢年过节才会回家。小儿子李某昌在家务农，与李某祖居住在一起。女儿李某红虽然出嫁，但户口仍然留在家中，没有迁出。近年来，李某祖感觉自己年纪大了，没有以前的精力从事农业劳动，便将家里的 7 亩承包地交给小儿子李某昌耕种。不久后，李某祖的女儿李某红听说了这个消息，她觉得自己虽然嫁出去了，但在婆家这边一直没有分到土地，况且自己的户口还在娘家，应该分得一份土地单独耕种，便跑回娘家和李某祖争论。李某祖认为，女儿已经嫁出去了，从来没听说过嫁出去的女儿还能有回娘家分东西的权利，便不同意女儿的要求。作为外嫁女，李某红有资格单独分得一份承包地吗？

问题剖析：李某红没有资格单独分割农村承包地。根据我国《农村土地承包法》第十六条的规定，采取家庭承包方式的农村土地，其承包方是本集体经济组织的农户，农户家庭内的每个成员依法平等享有土地权益。由此可知，农村家庭承包的土地，承包方是以家庭为单位的农户，而非家庭里的某个单独成员，因而家庭成员个人不能够分割农村承包地。案例中的李某祖将承包地交给在家务农的李某昌耕种，属于家庭内部成员的一种分工安排，并未进行土地分割，李某红也没有权利要求单独分割一份承包地。但是，李某祖认为出嫁的女儿没有"回娘家分东西的权利"，这种说法也是不正确的。作为承包方家庭成员之一，李某红的户口留在娘家，在新居住地也未获得土地承包经营权，可以依法平等享有承包地的各项收益权利，不能因男女性别而加以区分。因此，李某红虽然没有资格单独分割农村承包地，但可以享有承包地所带来的各项收益。

法条原文：第十六条　家庭承包的承包方是本集体经济组织的农户。农户内家庭成员依法平等享有承包土地的各项权益。

16 农户承包地被依法征收，可以获得相应补偿吗？

典型案例：大传县赵家村村民赵四，承包了村里的 3 亩土地，用于种植葡萄。这 3 亩土地位于大路旁边，地理位置非常好。这几天，赵四听村里人说，县政府要在赵家村附近修建一个博物院，可能会征收路边的一些耕地。赵四心想，自己的承包地就在路边，如果征收的话，那辛苦种的几亩葡萄就可惜了。但考虑到征地后的一些补偿款，赵四也就觉得没什么损失了。两个月以后，村上贴出了征地通知，标明了大传县征地规模和范围，赵四的3亩土地就在征收范围之内。看到通知之后，赵四便去村委会咨询征地补偿标准，以及如何赔偿自己3亩葡萄的损失。村委会工作人员告诉赵四，这次虽然征收赵四承包的3亩土地，但土地所有权属于村集体，赵四只有承包经营权，因而征地补偿款只能归村上所有，可以根据赵四的损失适当进行补偿。赵四很郁闷，觉得这种说法很不合理，打算去县级政府反映诉求。村委会工作人员的说法正确吗？

问题剖析： 村委会工作人员的说法是严重错误的，作为农村土地承包方的赵四，有权获得相应的征地补偿。根据我国《农村土地承包法》的相关规定，承包地如果被国家征收，承包方可以获得相应的补偿。案例中，赵四的农村承包地因政府建设博物馆而被征用，赵四理应获得相应的补偿款，村委会不得侵占承包户的征地补偿款，否则将会承担相应的法律责任。

法条原文： 第十七条 承包方享有下列权利：

……

（四）承包地被依法征收、征用、占用的，有权依法获得相应的补偿；

……

⑰ 农户可以在承包的耕地上盖房子吗？

典型案例： 张生某是古城村的村民，他家世代以务农为生。张生某有三个儿子都已经成家，但由于一直没有申请到宅基地，三个儿子目前仍然和张生某住在一起。随着时间的推移以及张生某的不断申请，农村宅基地的指标终于批复下来，但由于宅基地指标短缺，申请的3个指标只批下来2个，经过一家人商议，先由老大和老二盖房。老小眼见着老大和老二的新房快要盖好，即将搬进新房，而自己和妻子却还要与父母挤在一起，心生烦躁，埋怨张生某不公平，家庭矛盾也逐渐产生。看到小儿子的状态，张生某也十分无奈，为了缓和家庭关系，张生某想了一个主意，先在自家承包的耕地上帮小儿子盖住宅，等盖好了再去申请指标，实在不批准就住了再说。张生某很快将该想法付诸实施，房子建到一半的时候，突然接到村委会的通知，要求立即停止违规建房，恢复承包地的原状，否则将会上报相关部门强行处理。张生某在自家承包的耕地上盖房子违反规定了吗？

问题剖析：张生某私自在自家承包的耕地上建房，违反了我国农村土地管理的相关法律法规。根据《农村土地承包法》第十八条的规定，农村土地承包方有义务维护承包地的农业用途，未经批准，承包方不得改变承包地农业用途。农业用途即用于发展种植业、养殖业等。近年来，由于农村宅基地管理的标准日益严格，很多农民难以申请建房指标，于是便私自违规建房，甚至在耕地上进行非农建设，形成了"小产权房"的特殊问题。案例中的张生某未经批准，私自使用承包地建房，改变了农村承包地的农业用途，必须尽快停止破坏行为，恢复承包地原状。如果确实因为住房条件困难，可以向主管部门反映情况，争取获得宅基地指标。

法条原文：第十八条 承包方承担下列义务：

（一）维持土地的农业用途，未经依法批准不得用于非农建设；

……

18. 农村土地承包工作小组可以自行拟定通过承包方案吗？

典型案例： 荷堂村是一个人口较多的行政村，在农村土地承包时期，预留了大量的机动地，以应对自然灾害等突发事件造成的农村土地调整问题。然而，由于缺乏严格的农村机动地预留标准和承包规则，在农村机动地承包过程中出现了一些不公平方面的问题。随着我国《农村土地承包法》的出台及修订，农村机动地管理标准逐渐明确，农村预留的机动地不得超过本集体经济组织耕地总面积的 5%。在此背景之下，荷堂村决定开始重新调整农村承包地，将超出规定标准的机动地在村集体重新发包，并通过村民会议选举产生农村土地承包工作小组，由工作小组制定土地承包方案。工作小组经过反复商议，终于按照相关规定拟定了这次的土地承包方案，最后按照少数服从多数的原则投票通过并实施。农村土地承包方案公开实施之后，部分村民提出了异议，认为方案没有征求村民的意见，存在很多不合实际的内容，要求工作小组重新制定方案。请问：荷堂村村民提出的异议合理吗？农村土地承包工作小组可以自行拟定通过承包方案吗？

问题剖析： 荷堂村村民提出的异议是合理的，农村土地承包工作小组可以按照相关法律法规拟定农村土地承包方案，但无权自行投票通过并实施承包方案。根据我国《农村土地承包法》第十九条规定，农村土地承包方案必须经过村集体的村民会议讨论且取得会议三分之二以上成员同意方可公开实施。如果村民会议组织有困难，可以通过召开村民代表会议讨论方案，但也必须取得会议三分之二以上成员同意。案例中的荷堂村土地承包工作小组拟订方案之后，并未组织村民开展讨论，承包方案的实施流程存在问题，村民有权提出质疑，并且要求重新制定、讨论土地承包方案。

法条原文：第十九条　土地承包应当遵循以下原则：

......

（三）承包方案应当按照本法第十三条的规定，依法经本集体经济组织成员的村民会议三分之二以上成员或者三分之二以上村民代表的同意；

（四）承包程序合法。

⑲ 农村土地承包要遵循哪些程序？

典型案例：天炉村村民朱某，承包了村里的1.2亩土地种植甘蔗。由于承包的土地较少，空闲时间一直在村里的木材加工厂上班。最近，朱某听说村里要重新调整土地，将一些村集体土地重新发包。朱某认为自家的承包地面积太小，种植农作物也没什么收益，计划着再去承包些土地扩大种植规模。但是，朱某并不清楚农村土地承包的程序，也不知该如何申请。木材加工厂老板告诉朱某，这种土地承包就是村委会制定一个方案，符合标准的村民随机分配。还有人告诉朱某，要先到村委会申请登记，再等村委会的统一通知。朱某到底该听谁的呢？农村土地承包要遵循哪些程序？

问题剖析：我国农村土地承包必须坚持严格的法定原则和程序，不能随意发包土地。根据我国《农村土地承包法》第二十条的相关规定，农村土地承包必须经过五道程序才能正式签订承包合同。一是在本集体经济组织范围内，组织召开村民会议，告知村民农村土地承包的相关内容，并通过村民会议选举产生承包工作小组，充分反应村民的想法，全权负责农村土地承包相关事务。二是工作小组按照相关法律法规及本集体实际情况，拟定合法合理的农村土地承包方案。三是再次召开本集体经济组织成员的村民会议，讨论拟定的农村土地承包方案，征求全体参会村民三分之二以上成员的同意。四是公开组织实施承包方案。五是按照法律法规的要求签订承包合同，依法约定双方的权利义务。案例中的朱某可以到天炉村村民委员会咨询具体情况，按照村委会的通知要求进行土地承包，不用过于着急。

法条原文：第二十条 土地承包应当按照以下程序进行：

（一）本集体经济组织成员的村民会议选举产生承包工作小组；

（二）承包工作小组依照法律法规的规定拟订并公布承包方案；

（三）依法召开本集体经济组织成员的村民会议，讨论通过承包方案；

（四）公开组织实施承包方案；

（五）签订承包合同。

20. 农村土地承包经营权证上只能填写户主名字吗？

典型案例： 刘某飞是一名大学生，父母都是地地道道的农民。刘某飞从小生活在农村，对农村生活有着天然的感情，于是在大学的时候，他选择了学习农业经济管理相关专业，希望毕业后能为家乡服务，所以自己的户口一直留在农村。有一天，刘某飞听母亲说，老家要开始进行农村土地承包经营权的确权登记，然后发放承包经营证书，有了这个证书，农村土地以后就有财政性证明了。刘某飞提醒母亲，在发证的时候，记得把自己的名字加上。母亲告诉刘某飞，以前家里的土地证书都登记户主名字，这个土地承包经营权证书，只有户主才能登记，其他人名字写不上证书的。刘某飞记得自己之前学习过相关法律，农村土地承包经营权证书上应该可以加上家庭成员名字，难道自己记错了？那么，农村土地承包经营权证上真的只能填写户主名字吗？

问题剖析： 刘某飞母亲的说法是错误的，农村土地承包经营权证书上应写上全部家庭成员的名字。根据我国《农村土地承包法》第二十四条的规定，农村土地承包经营权证书或林权证要加上所有具有承包经营权的家庭成员名字。案例中的刘某飞虽然在读大学，但自幼出生在农村且户口一直未迁出，仍然是村集体经济组织成员，具有农村土地承包经营权，应该将其名字加入证书。这既是法律保障承包户家庭成员合法权益的体现，也是明确家庭承包土地面积的重要依据。

法条原文：第二十四条 ……

土地承包经营权证或者林权证等证书应当将具有土地承包经营权的全部家庭成员列入。

……

21. 农村集体经济组织合并之后，农村土地承包合同还有效吗？

典型案例：小王庄是瑞某县最南端的一个小乡村，随着我国改革开放和脱贫攻坚的推进，原本落后的村庄，目前已经成了附近远近闻名的生态农业示范点。张某举是村里有名的致富能手，目光放得很长远。在和家人商议之后，便和村委会于 2014 年 7 月签订了农村土地承包协议，承包了小王庄 8 亩土地用于生态水稻的种植，承包期为 10 年。对此，村委会也特别支持，请了县里的水稻种植专家前来指导。两年后，张某举的生态水稻种植就取得了很大的突破，不仅获得了大丰收，也吸引了很多村庄甚至是外省相关人员来学习。可是，近期，张某举遇到了一个难题，令他百思不得其解。由于小王庄目前仅有 207 户人家，共 439人。政府为了改革农村管理体制和改善农民生活，决定将小王庄和东水村进行合并重组，合并后的村名称为东水村。两个村于 2017 年 12 月完成了合并。合并后的两个月，东水村村委会主任找到张某举，希望收回其承包的 8 亩土地，给出的理由是与其签订承包合同的是小王庄，目前村庄已经合并，因此原合同应当作废，所以张某举需要将土地交还给村委会。那么，东水村村主任有权这么做吗？农村土地承包合同还有效吗？

问题剖析：东水村村主任的做法是不对的，张某举有权在承包期之内自主经营土地。根据《农村土地承包法》第二十五条规定，承包合同生效后，发包方不得因集体经济组织分立或合并解除承包合同。案例中张某举承包的 8 亩土地的承包期是 10 年，已投入了大量的成本和精力，现在还在承包期之内，拥有土地的自主经营权，即使村庄合并，农村土地承包合同依然有效，东水村村主任无权收回承包地。

法条原文：第二十五条　承包合同生效后，发包方不得因承办人或者负责人的变动而变更或者解除，也不得因集体经济组织的分立或者合并而变更或者解除。

㉒ 农户进城落户，必须交回农村承包地吗？

典型案例：周某一家常年在外地做水果批发生意，在农村承包的 3.5 亩耕地无人打理。本村村民郑某一直和周某保持良好的关系，郑某也打算承包一些土地种植大棚蔬菜。周某听说了此事，打算将自家的承包地转包给郑某。2008 年，双方签订了书面合同，合同约定，郑某按照每年每亩 450 元的标准，向周某缴纳土地转包费，转包费每年年底付清，转包期限为 10 年。周某的水果批发生意越做越大，使他积累了一些资金，2009 年他在市里买了房子，一家三口也决定进城落户，把户口迁进了城市。2010 年，郑某认为周某迁出户口后，不再属于本村村民，所以也就自动丧失了农村土地承包经营权，因此拒绝向周某缴纳土地转包费用。周某认为，自己虽然进城落户了，但没有规定说一定要取消农村土地承包经营权，况且郑某转包期未满，要求郑某按时缴纳土地转包费。双方争论不休，为此周某找村委会调解。村委会了解事情经过之后，认为周某既然已经进城落户，就必须将农村承包地交回村集体，郑某的土地租金应该交给村集体而不是周某。村委会的处理方案正确吗？

虽然我的户口过去城里了，但是我还有承包权！

    问题剖析：村委会的处理方案是错误的。根据《农村土地承包法》第二十七条的规定，承包期内，进城农户依然享有农村土地承包经营权，发包方不得收回承包地。农村土地承包经营权是农民的一项基本权益，受到国家的保护。近年来，随着城市化进程的不断加快，大批农户进城落户的现象日益增多，一些地区将解除农村土地承包关系作为农户进城落户的前提条件，损害了进城农户的切身利益。在此背景之下，我国修订了相关法律法规，保障进城农户的合法土地权益，明确规定不得以退出农村土地承包经营权作为农户进城落户的条件。案例中的周某虽然进城落户，但其仍然享有农村土地承包经营权，村委会不能强制周某交回承包地，并且郑某也需继续支付土地租金，甚至还要面临违约赔偿。当然，为了保障农村土地的有效耕种，国家也鼓励进城农户在获得一定补偿的前提下，将农村土地承包经营权转让给村集体其他成员或交回发包方，也可以进行土地流转。

    法条原文：第二十七条　承包期内，发包方不得收回承包地。

国家保护进城农户的土地承包经营权。不得以退出土地承包经营权作为农户进城落户的条件。

承包期内，承包农户进城落户的，引导支持其按照自愿有偿原则依法在本集体经济组织内转让土地承包经营权或者将承包地交回发包方，也可以鼓励其流转土地经营权。

······

23 承包方交回承包地，可以获得土地投入的补偿吗？

典型案例：阿昌族小伙孙某，是家中独子，出生于滇西南的边境村庄。高中毕业之后，孙某就开始外出务工。孙某从小就头脑灵活，务工几年之后，便自己开了个手机店，当起了个体经营户。随着手机店的生意越来越好，孙某也获得了一大笔收入，于是在城里购置了房产，随后把父母接到一起居住。由于长期居住在城里，家里承包的土地也荒废了。作为发包方的村委会了解到这一情况后，便联系孙某及其父母，建议他们将农村承包地交回村集体，还可以获得村集体的一笔补偿。孙某和家人商议之后，决定将承包地交回村集体。但是，孙某心里存在一些疑问，父母前些年在家务农的时候，为了提高承包地的耕作条件，在耕地附近修建了小型排水工程设施，交回承包地之后，这些设施可以获得补偿吗？

问题剖析：孙某父母修建的小型排水工程设施，属于提高农村土地生产能力的投入，可以获得相应补偿。根据我国《农村土地承包法》第二十七条规定，承包方交回承包地的时候，如果承包方为了提高农业生产能力，对承包地进行了投入，那就有权获得相应补偿。因此，案例中的孙某及其父母，将农村承包地交回村集体，不仅可以获得承包地补偿，还可以获得土地投入的补偿。

法条原文：第二十七条　······

承包期内，承包方交回承包地或者发包方依法收回承包地时，承包方对其在承包地上投入而提高土地生产能力的，有权获得相应的补偿。

24 农户承包地因自然灾害遭受严重损坏，发包方可以调整该承包地吗？

典型案例：巴扇村位于高寒山区，土地资源相对贫瘠，并且在雨水季节，巴扇村经常会受到泥石流等自然灾害的冲击，一些房屋和土地常受损失。巴扇村村民丁某，承包了村上西山边的 5 亩土地，用于种植中草药。丁某的承包地虽然位于山边，但一直以来，也未曾受到自然灾害的影响，中草药的种植收益逐渐增加。某一年，由于雨季一直持续，山里的大雨整天下个不停，村里很多地段发生了泥石流和塌方险情，丁某的 5 亩土地也遭灾了，不仅种植的中草药全部被冲毁，连承包的土地也被损坏，难以继续耕种。丁某伤心之余，更是担心以后的生计，他找到巴扇村村主任，咨询如何申请补偿以及调整承包地，以免以后再次遇到灾害受损。村委会主任告诉了丁某申请农业补偿的办法，但关于调整农村承包地的事情，村主任认为，在承包期内，发包方无权调整承包地，不能答应丁某的请求。那么，农户承包地因自然灾害遭受严重损坏，发包方可以调整该承包地吗？

问题剖析：村主任的说法不完全正确。根据我国《农村土地承包法》

的相关规定，虽然在承包期内，发包方无权调整承包地，但如果农户承包地因自然灾害遭受严重损坏，除非合同约定不调整之外，发包方可以适当调整承包地。值得注意的是，这种土地调整必须经过村集体的村民会议讨论且取得会议三分之二以上成员同意。如果村民会议组织有困难，可以通过召开村民代表会议讨论，但也必须取得会议三分之二以上成员同意，并且要报上级主管部门批准。案例中的丁某承包地严重受损，可以申请发包方调整土地，作为发包方的村委会，要按照法定程序落实丁某的请求。

　　法条原文：第二十八条　承包期内，发包方不得调整承包地。

　　承包期内，因自然灾害严重毁损承包地等特殊情形对个别农户承包的耕地和草地需要适当调整的，必须经本集体经济组织成员的村民会议三分之二以上成员或者三分之二以上村民代表的同意，并报乡（镇）人民政府和县级人民政府农业农村、林业和草原等主管部门批准。承包合同中约定不得调整的，按照其约定。

㉕ 承包期内，承包方自愿交回承包地，还可以再次申请承包土地吗？

　　典型案例：平安村傣族小伙苟某刀，承包了村里 2.3 亩土地，承包期 20 年。由于文化水平有限，苟某刀长期在家务农，勤勤恳恳地经营着自己的承包地。每年基本上是不愁吃、不愁穿，但唯一不足的是，苟某刀已经三十多岁了，到现在都还没有娶媳妇。最近，有人给他说了一门亲事，但对方觉得他年龄稍微有点大，除非可以在城里买一套房子，否则这事就算黄了。苟某刀对这个女孩子算是一见钟情，便不想在农村种地了，计划到城里工地上打工去，尽快凑够了钱去买房结婚。于是，苟某刀向村委会提出申请，希望交回自己还剩 15 年承包期的土地，并请村集体给一些经济补偿。作为发包方的村委会，同意了苟某刀的请求，在苟某刀收完承包地上最后一季粮食之后，便与其签订了交回协议，终止了苟某刀的承包合同。苟某刀到工地上做小工，经过 5 年的打拼，也攒下了一些购房款，但到城里售楼部才发现，自己攒的购房款连房子首付也承担不起，伤心之余，苟某刀认为自己就不适合在城里生活，还不如回到农村舒适安逸。苟某刀很快放弃了工地工作，回到老家平安村，并向村委会重新申请承包地耕种。但村委会工作人员告诉苟某刀，承包期内自愿交回承包地的农户，不得再要求承包土地。村委会工作人员的说法正确吗？

问题剖析：村委会工作人员的说法是正确的。根据我国《农村土地承包法》第三十条的规定，承包期内，承包方自愿交回承包地，可以获得相应的补偿，但不可以再次申请承包土地。案例中的苟某刀自愿交回了承包地，并获得了村集体的经济补偿，在土地承包期之内，苟某刀不能再次申请承包地。但是，这个承包期结束之后，即 10 年之后，苟某刀在下个土地承包期仍然可以申请承包地。通过上述案例，广大农户可以得到一些启示，农户如果不想继续耕种土地，除了在村集体之内转让承包地或交回承包地之外，还可以考虑转包、出租等方式流转土地。

法条原文：第三十条　承包期内，承包方可以自愿将承包地交回发包方。承包方自愿交回承包地的，可以获得合理补偿，但是应当提前半年以书面形式通知发包方。承包方在承包期内交回承包地的，在承包期内不得再要求承包土地。

㉖ 承包期内，离婚妇女的农村土地承包经营权要被收回吗？

典型案例：鲁萍村村民保某自幼家境贫寒，高中毕业之后便外出务工。后来到了婚嫁年龄，经媒人介绍，认识了罗石村的张某，两人相处了一段时间，彼此感觉都很合适，便步入了婚姻的殿堂。保某嫁到罗石村之后，户口也随之迁入，并且赶上了罗石村重新调整农村承包地的时候，保某按份额承包了 2 亩土地，用于开展农业生产活动。几年后，由于保某与张某感情破裂，两人商量好了协议离婚，保某也搬回娘家鲁萍村居住，但保某在鲁萍村并未取得承包地。几个月之后，罗石村村委会主任联系保某，认为保某已经和张某离婚，并且返回鲁萍村居住，已经不能再享有罗石村的承包地，要收回保某的 2 亩承包地。保某自然不同意，她认为自己在娘家并没有获得承包地，罗石村就无权收回她的农村土地承包经营权。保某多次与罗石村村委会主任交涉，均无效果。罗石村村委会主任的做法正确吗？保某应该如何办呢？

问题剖析：罗石村村委会主任的做法不正确，保某可以依法维权。根据我国《农村土地承包法》第三十一条的规定，妇女离婚之后，无论是否离开原居住地，只要没有获得新的农村承包地，发包方就不能收回原承包地。在我国农村土地承包过程中，部分地方存在一些不公平的土地发包行为，损害了外嫁女、离婚或丧偶妇女的合法土地权益，而国家层面的法律规定，进一步保障了妇女合法土地承包权益。案例中的保某虽然离婚，并且返回娘家居住，但在娘家并未获得承包地，因而罗石村村委会无权收回保某的 2 亩承包地。保某可以再次与罗石村村委会商议解决方案，如果罗石村村委会依然固执己见，保某可以向当地农村土地承包仲裁机构申请仲裁，也可以到法院提起诉讼，以此维护自身合法承包权益。

法条原文：第三十一条　承包期内，妇女结婚，在新居住地未取得承包地的，发包方不得收回其原承包地；妇女离婚或者丧偶，仍在原居住地生活或者不在原居住地生活但在新居住地未取得承包地的，发包方不得收回其原承包地。

㉗ 家庭承包方式获得的农村土地承包经营权，可以继承吗？

典型案例： 杨老汉是田莊村村民，今年 72 岁，膝下共有一儿一女，儿女都已经成家立业。儿子自幼学习成绩一直很好，高考成绩也非常理想，上了上海的一所大学，毕业后就留在上海一家外贸公司工作，户口也迁了过去。女儿嫁到外村，户口迁入婆家，分得了一些承包地。杨老汉在农村土地承包时期，通过家庭承包的方式承包了村里的 3 亩耕地，这些年一直用来种植油菜，收成也还算不错。这几年，杨老汉的老伴因病去世，他自己的年纪越来越大，身体状况不太好，也不愿意去上海和儿子一起住，独自在家种点蔬菜生活。有一天，杨老汉在地里收拾蔬菜，突然因脑梗昏倒，被人发现时已经去世了。杨老汉的儿子回来料理完丧事，便到村委会咨询如何继承家庭承包的 3 亩耕地。田莊村村委会工作人员告诉杨老汉的儿子，家庭承包的耕地是不能继承的，只能继承承包收益。村委会工作人员的说法正确吗？

问题剖析： 村委会工作人员的说法正确。根据我国《农村土地承包法》第三十二条的规定，采取家庭承包方式的农村土地，可以按照继承法的规定继承承包人的承包收益，但耕地和草地等农村土地的承包经营权不允许继承，只有林地承包人死亡，其继承人可以继续在承包期内承包林地。案例中的杨老汉和妻子都已去世，女儿户口迁出且在外村获得承包地，杨老汉儿子可以享有这 3 亩土地的出租、转包等土地流转方式带来的承包收益，但却不能继承承包地。事实上，作为农村土地承包的家庭成员，即使户主去世，成员依然可以享有农村承包地的占用、使用和收益的权利，不需要考虑继承相关问题。

法条原文：第三十二条 承包人应得的承包收益，依照继承法的规定继承。

林地承包的承包人死亡，其继承人可以在承包期内继续承包。

28. 村民小组的内部成员之间可以互换土地吗？

典型案例：钱某和冯某都是长圩村四组村民，两家是邻居，平时关系也非常不错，能够和睦相处，互相帮助。钱某家共有 4 口人，承包 4.5 亩土地（其中耕地 2 亩、水田 2.5 亩）。冯某家人口比较多，共有 7 口人，承包了村里的 6.2 亩土地（其中耕地 3.8 亩、水田 2.4 亩）。两户人家农忙时基本都在家种地，偶尔空闲时也会打零工补贴家用。在 2016 年春节，两家人坐在一起聊天，钱某提出想用村委会下边的 0.9 亩水田和冯某换一下抽水站附近的 0.9 亩水田，原因其实很简单，就是为了方便两家耕种。因为冯某家大多数土地都在村委会附近，唯独 0.9 亩水田被分到了抽水站附近，而钱某家却恰恰相反。就这样，两家经过商量之后，互换了承包地，并签订了互换协议。那么，钱某和冯某可以互换农村土地吗？

问题剖析：钱某和冯某可以互换土地，但要向发包方备案。根据我国《农村土地承包法》第三十三条的规定，农村集体经济组织内部成员之间，出于方便耕种或各自需要，可以互换土地承包经营权。在农业生产经营活动中，为了解决农村承包地的分散化问题，时常会有村民互换土地，以此实现农村土地规模经营，提高土地耕种效率。案例中的钱某和冯某同属长圩村四组，是同一个农村集体经济组织成员，两家为了耕种方便，在协商一致的基础上进行了互换，这种行为是合法的，但必须要向发包方备案。

法条原文：第三十三条　承包方之间为方便耕种或者各自需要，可以对属于同一集体经济组织的土地的土地承包经营权进行互换，并向发包方备案。

29 农村家庭承包地可以转让给任何人吗？

典型案例：乡桥村村民古某，承包了村里的 3 亩耕地，用于种植果树。近年来，随着城市化进程的不断加快，城乡居民收入差距较大，乡桥村村民普遍进城务工，而家庭承包地则留给老人耕种或转包给其他村民。古某跟随同乡外出做生意，并很快在城市扎根，经过几年的奋斗，也攒下了一些存款，他和家人一起把户口迁入城里，准备买房安家。可是，自家在乡桥村承包的土地还依然在承包期内，古某想把这 3 亩土地转让出去，一来可以获得一笔转让费，二来也不用一直操心这件事。古某的朋友闫某听说了这件事，于是给古某推荐了一个外县的朋友刘某，刘某长期从事农

产品加工，一直想有一块自己的土地发展农业。古某和刘某很快达成了转让协议，古某也如愿获得了一笔土地转让费。那么，古某和刘某的农村承包地转让行为有效吗？农村家庭承包地可以转让给任何人吗？

问题剖析： 古某和刘某的农村承包地转让行为是不合法的，农村家庭承包地的转让必须符合相应的条件。根据我国《农村土地承包法》的相关规定，农村土地承包方转让土地承包经营权，转让对象应是同一集体经济组织的其他农户，并且转让行为要获得发包方的同意。也就是说，农村家庭承包地的转让要符合两个条件，即发包方同意和转让对象是同一集体经济组织内部的其他农户。案例中的古某和刘某并非同一集体经济组织成员，转让行为也未经发包方同意，所以古某和刘某的农村承包地转让行为不合法。

法条原文： 第三十四条 经发包方同意，承包方可以将全部或者部分的土地承包经营权转让给本集体经济组织的其他农户，由该农户同发包方确立新的承包关系，原承包方与发包方在该土地上的承包关系即行终止。

30. 农村家庭承包地互换或转让，必须要登记吗？

典型案例： 小寨村村民方某，在农村土地承包时期，承包了村里的 4 亩耕地，用于农业生产。前些年，方某觉得城市发展机会多，便和妻子一起外出务工，家里的承包地就转包给了同村的林某。由于方某和林某私下关系很好，两人约定，林某按照每年每亩 350 元的标准支付方某租金，租期 5 年，也签订了正式流转合同，并向发包方备案，但没有向登记机构申请登记。三年之后，方某和林某因一些琐碎事情发生矛盾，关系恶化，方某不想把承包地再转包给林某，便口头通知林某，要终止 4 亩耕地的土地流转合同。林某在承包地上种植了一些草药三七，快要到收获的季节，坚决不同意终止合同。方某没有理睬林某，很快按法定流程将这 4 亩耕地又转包给了并不知情的肖某，并向登记机构申请了登记。林某知道这件事后，便请村委会进行调解处理。小寨村村委会该如何处理呢？

问题剖析：根据我国《农村土地承包法》第三十五条的规定，农村土地承包经营权互换或转让，如果未经登记机构登记，不得对抗善意第三人。所谓的善意第三人，就是出于善意而不知情的第三方。案例中的方某和林某虽然签订了农村土地流转合同，也向发包方进行了备案，但并未申请登记。后来，方某和林某关系闹僵，方某私自违约将土地又转包给了不知情的肖某，即上述的善意第三人，并申请了登记，这说明肖某已是合法的土地经营权受让方。林某可以要求违约的方某赔偿自己的损失，但无权让肖某归还这4亩耕地的土地经营权。所以，农村家庭承包地互换或转让过程中，法律并未强制要求必须申请登记，但未经登记，不得对抗善意第三人。

法条原文：第三十五条　土地承包经营权互换、转让的，当事人可以向登记机构申请登记。未经登记，不得对抗善意第三人。

31. 农村土地经营权可以被迫出租吗？

典型案例：吴某是三池村的村民，在农村土地承包时期，承包了村里的3.4亩土地，并与村委会签订了土地承包合同，合同中明确规定承包期限为30年。一直以来，吴某在自己的承包地上种植水稻、小麦、玉米等农作物，所获得收入基本可以维持一家的开支，收成好时还会有一些结余。近年来，三池村村委会为了促进村子的发展，积极进行招商引资。2019年9月，有一位来自浙江的老板看上了三池村20亩土地，希望可以将其承包下来种植牛肝菌。这20亩土地当中也包含了吴某的3.4亩土地。在村委会的动员之下，三池村这20亩土地的承包户基本都同意出租土地，并和村委会、浙江老板三方签订了土地流转合同，合同规定流转期限为三年，每年流转费用为每亩800元。但是吴某一直不同意出租土地，他认为自己种植农作物的收益也不错，如果流转了土地，万一浙江老板跑了，自己就一年没收益了。三池村村委会指责吴某不顾大局，要少数服从多数，再不同意就强制流转了，租金也会少给点。经过多次交涉，最终迫于村委会的压力，吴某接受了土地流转的建议，可是他心里却一直耿耿于怀。那么，村委会可以强迫农户流转土地经营权吗？

问题剖析：村委会的做法是错误的，村委会不可以强迫农户流转土地经营权。根据我国《农村土地承包法》的相关规定，任何组织和个人不得强迫土地经营权流转。案例中吴某对依法承包的土地，享有自主经营的权利，虽然三池村村委会出于发展村庄的目的，但依然无权强迫农户流转土地经营权。如果强迫行为造成严重后果，还应承担相应的法律责任。

法条原文：第三十八条　土地经营权流转应当遵循以下原则：

（一）依法、自愿、有偿，任何组织和个人不得强迫或者阻碍土地经营权流转；

……

㉜ 农村土地承包方可以单方面解除土地流转合同吗？

典型案例：贾某是一位靠着房地产事业发家的老板，在深圳、上海等地都有多处楼盘在开发，生意做得不错，最近几年挣了不少钱。贾老板是一个有着浓厚乡土情结的人，由于自己出生在农村，发达之后他也想为家乡做点贡献。2018年6月，贾某回到了老家郑井村，看到家乡建设得越来越好，他感到非常欣慰。同时，在回家探亲期间，贾某发现老家的土质非常好，自然环境也不错，十分适合种植茶树。他找到村委会，询问有没有农户想要流转土地，他想流转20亩土地进行大规模的茶树种植。有好几家村民听说了他的想法后，再加上最近几年在家务农收入越来越微薄，都愿意流转自己的土地。最后，在村委会的见证下，贾某与12户村民签订了农村土地流转合同，合同明确规定，土地流转期限为10年，每年流转费用为1 000元/亩，贾某提前支付了3年的租金。探亲结束之后，贾某就回到了深圳。可是天公不作美，贾老板的工程出现了问题，导致其资金链断裂，使得老家的茶树种植项目就这样搁浅了。三年后，贾老板收到了老家郑井村工作人员的电话，大致意思是说，之前与其签订土地流转合同的 12 户村民要求收回承包地，他们认为贾某长期抛荒土地，无法履行合同，造成了农村土地资源的浪费。目前，这 12 户村民已经单方面解除了合同，自己重新耕种了土地。那么，农村土地承包方可以单方面解除土地流转合同吗？

问题剖析： 正常情况下，农村土地承包方不得单方面解除土地流转合同，但特殊情况除外。根据我国《农村土地承包法》第四十二条的规定，如果农村土地经营权的受让方弃耕抛荒连续两年以上，农村土地承包方有权单方面解除土地流转合同。案例中的贾某虽然与 12 户村民签订了农村土地流转合同，但土地已经连续抛荒三年，仍未进行茶树种植，因而农村土地承包方有权单方面解除土地流转合同，收回农村土地经营权。

法条原文： 第四十二条　承包方不得单方解除土地经营权流转合同，但受让方有下列情形之一的除外：

……

（二）弃耕抛荒连续两年以上；

……

33. 农村家庭承包地的土地经营权可以融资担保吗？

典型案例： 程某是果迈村的普通村民，育有两个小孩，大儿子今年上六年级，学习成绩一直很好，小女儿今年刚刚满 2 岁，一家人过着其乐融融的生活。在农村土地承包时期，程某承包了村里的 10 亩土地，用于种植重楼、三七等中草药。近年来，随着中草药市场越来越活跃，中草药的幼苗价格也快速上涨，程某在购买重楼、三七等幼苗方面就花费了大笔资金，余下的存款捉襟见肘，难以支撑中草药的种植。于是，程某到当地银行咨询贷款政策，均被告知贷款需要提供抵押担保，才有可能成功贷款。程某心想，自己除了一套农村住宅之外，别无其他，总不能拿房子去抵押吧。后来，程某打算到村委会咨询一下，看看村里是否有相关的支持政策。村委会工作人员告诉程某，目前村里没有相关产业发展的补贴，但国家政策已经明确，农村承包地的经营权可以用来融资担保，可以到银行金融机构融资贷款。程某半信半疑，决定拿着农村土地承包经营权证到银行去试一试。村委会工作人员的说法正确吗？

问题剖析： 村委会工作人员的说法是正确的。根据我国《农村土地承包法》第四十七条的规定，农村土地承包方可以用土地经营权向金融机构融资担保，并向发包方备案。国家也出台了相关方案，选择了一些抵押贷款试点县，逐步试点发放了贷款。案例中的程某可以到当地银行咨询具体贷款流程，了解最新的农村土地经营权融资担保政策，尽快解决农业经营的资金不足问题。

法条原文： 第四十七条 承包方可以用承包地的土地经营权向金融机构融资担保，并向发包方备案。受让方通过流转取得的土地经营权，经承包方书面同意并向发包方备案，可以向金融机构融资担保。

……

34 采用其他方式承包的土地，承包方可以是村集体以外的单位或个人吗？

典型案例： 曼河村村民刀某虽然长期在家务农，但由于承包的土地面积较小，难以通过扩大农业经营规模来增加收入，头脑灵活的他也时常走街串巷，做一些贩猪的生意。生猪市场行情好的时候，刀某就将家里的肥猪拖出去销售，而一旦遇到市场不景气，则会将生猪收购回家自己养殖，等待市场行情好转后再出售。近期，刀某在附近周村收购生猪的时候，听说周村有一块10多亩的荒沟即将组织承包工作，目前村里也没多少人感兴趣。刀某听到这个消息，心里很高兴，他想周村生态环境较好，河水资源也很丰富，如果自己能够承包这10多亩的荒沟，可以修整好用来养鱼，肯定会取得不少的收益。然而，刀某也存在一个大的顾虑，作为外村村民，刀某可以承包周村的荒沟吗？

　　问题剖析： 刀某可以申请承包周村的荒沟。根据我国《农村土地承包法》的相关规定，荒山、荒沟、荒丘、荒滩等农村土地，可以采取招标、拍卖、公开协商等其他方式承包，承包期限并没有明确规定，可以由发包方和承包方自行商议。承包方可以是本集体经济组织成员，也可以是集体之外的单位或个人，但同等条件下，本集体经济组织成员享有优先承包权。村集体经济组织以外的单位或个人承包村集体土地，必须经过村集体的村民会议讨论且取得会议三分之二以上成员同意。如果村民会议组织有困难，可以通过召开村民代表会议讨论，但也必须取得会议三分之二以上成员同意，并且报乡（镇）人民政府批准。案例中的刀某可以联系周村村委会，通过招标、拍卖、公开协商等方式参与荒沟的承包，并将个人资质

信用和经营能力等情况交给发包方审查。

法条原文：第四十八条 不宜采取家庭承包方式的荒山、荒沟、荒丘、荒滩等农村土地，通过招标、拍卖、公开协商等方式承包的，适用本章规定。

第五十二条 发包方将农村土地发包给本集体经济组织以外的单位或者个人承包，应当事先经本集体经济组织成员的村民会议三分之二以上成员或者三分之二以上村民代表的同意，并报乡（镇）人民政府批准。

由本集体经济组织以外的单位或者个人承包的，应当对承包方的资信情况和经营能力进行审查后，再签订承包合同。

㉟ 采用其他方式承包的土地，村集体成员拥有优先承包权吗？

典型案例：金贤村村民武某长期在家务农，空闲时间主要给村里的承包大户打零工，换来一些经济收入。这段时间以来，武某经常听到一起打零工的农户们，说起承包村上荒山的事情。近年来，由于国家政策的扶持，农民生活水平有了较大提高，一些社会企业也开始到农村租种土地，用于发展现代农业。金贤村有几块偏僻的荒山，长期无人过问，村委会看到了荒山开发利用的契机，计划将村里的几块荒山打包，采取公开协商的方式进行发包，目前已经有村外人员和企业过来咨询了，甚至有些人已经报名登记。武某认为，自己总是打零工也不是长久之计，于是下定决心承包一块荒地，用来养一些鸡鸭、山羊，肯定能获得不少收益。随后，武某跑到村委会咨询荒山承包的相关程序，他认为自己是本村村民，应该可以享有优先承包权。那么，采取公开协商方式承包的荒地，武某可以享有优先承包权吗？

问题剖析：在同等条件下，武某享有优先承包权。根据我国《农村土地承包法》第五十一条的规定，荒山、荒丘、荒沟、荒滩等采取其他方式承包的农村土地，在同等条件下，本集体经济组织成员享有优先承包权。

案例中的武某是金贤村村民，在同等条件下，享有优于集体之外单位或个人的承包权，但这种优先权也要及时行使。武某应该及时到村委会登记承包信息，并与集体外的单位或个人在同等条件下进行竞争，争取成功承包金贤村的荒山。

法条原文：第五十一条　以其他方式承包农村土地，在同等条件下，本集体经济组织成员有权优先承包。

36. 通过拍卖方式承包的农村土地可以进行流转吗？

典型案例：袁某是竹林寨人，之前一直在县林业局工作，2017 年退休之后，他返回竹林寨老家居住，随后就长期赋闲在家，经常觉得闲得发慌。最近，袁某听说竹林寨有一片荒山打算承包出去，由于很多人都想要承包，作为发包方的村委会商议之后，决定采取拍卖的方式进行发包，让所有有意向承包的人竞价拍卖，价高者得。经过认真筹划，拍卖会于 2017 年 6 月在竹林寨村委会举行，共有 7 人参与拍卖，并由上级政府相关部门的工作人员进行监督。经过多轮竞价，最终袁某以 2 200 元/年的价格拍到了竹林寨 2.7 亩荒山。随后，袁某办理了相关手续，依法登记取得了权属证书，继而很快开始进行垦荒，并且在荒山上种植了一些树苗，既可以保护生态环境，也可以在若干年后获得一定的回报。由于荒山上的树木涨势较为缓慢，2019 年 11 月，袁某将承包的 2.7 亩荒山租给了竹林寨的蒋某，由蒋某在荒山进行山羊的养殖。不久之后，竹林寨村委会找到袁某，认为袁某私自出租承包的土地违反规定，承包地出租必须经过村委会的同意，要求其立即停止出租行为。袁某有权出租自己通过拍卖方式承包的荒地吗？

问题剖析： 袁某有权出租自己通过拍卖方式承包的荒地。根据我国《农村土地承包法》第五十三条的规定，通过拍卖方式承包的农村土地，依法登记取得了权属证书，就可以流转土地经营权。案例中的袁某通过拍卖方式承包的农村土地，也取得了土地证书，有权自主选择出租方式流转土地经营权，甚至可以将土地经营权进行入股或抵押，不需要得到村委会的批准同意。

法条原文： 第五十三条　通过招标、拍卖、公开协商等方式承包农村土地，经依法登记取得权属证书的，可以依法采取出租、入股、抵押或者其他方式流转土地经营权。

㊲ 采用其他方式承包的农村土地，承包方的继承人可以继续承包吗？

典型案例： 李某是银冒村村民，独子在外地工作。在农村土地承包时期，李某承包了村里的 3 亩耕地，用于种植水稻维持生计。前些年，李某通过公开协商的承包方式，利用积蓄承包了隔壁乡龙悄村的 6 亩荒沟，承包期为 15 年，改造之后用来养殖水产，收益也算不错。随着年龄越来越大，李某患有的老毛病也日益加重，在承包荒沟的第 6 年，李某因病重去世。李某的儿子料理完丧事，便到龙悄村村委会咨询如何继承李某承包的 6 亩荒沟。龙悄村村委会工作人员告诉李某的儿子，承包的荒地是不能继承的，如果承包人死亡，村委会要收回荒地的承包经营权。村委会工作人员的说法正确吗？采用其他方式承包的农村土地，承包方的继承人可以继续承包吗？

问题剖析：村委会工作人员的说法不正确，采用公开协商、拍卖等其他方式承包的农村土地，在承包期内，承包方的继承人可以继续承包。根据我国《农村土地承包法》第五十四条的规定，通过公开协商、拍卖等方式取得农村土地经营权的承包方死亡，其继承人可以依据继承法继承承包收益，在承包期内，继承人还可以继续承包。案例中的李某通过公开协商方式承包了龙悄村的 6 亩荒沟，承包期为 15 年，在承包荒沟的第 6 年，李某因病重去世。那么，李某的独子作为继承人，依法可以继承这 6 亩荒沟的承包收益，并且在剩下的承包期内，可以继续承包，村委会无权收回这块荒地的承包经营权。

法条原文：第五十四条　依照本章规定通过招标、拍卖、公开协商等方式取得土地经营权的，该承包人死亡，其应得的承包收益，依照继承法的规定继承；在承包期内，其继承人可以继续承包。

㊳ 农村土地发包方可以干涉承包方的正常经营活动吗？

典型案例：唐某是海沙村六组村民，家中共有 4 口人，生育有两个儿子。目前大儿子已经结婚，在广州工作。二儿子也已经上大学了，基本不用太操心。所以唐某现在压力也小了许多，也不用再去工地累死累活的打工了。他前两年回到了农村老家，正巧遇到海沙村在开展预留机动地的发包工作，他就和老伴承包了 3.1 亩土地，并签订了土地承包合同，合同中规定了双方当事人、承包期限、土地主要用途（农业种植）以及其他事项。自从承包土地以来，唐某夫妻俩就整天围着这点土地转悠，先后种植过水稻、玉米、小麦等农作物，收成也还算不错。承包土地的第二年，唐某二儿子大学毕业，他在大学学的主要是农学，掌握了很多农作物种植的知识，因此就回到了农村，想依靠所学做一些事情。唐某二儿子在唐某承包的土地上建起了大棚，进行辣椒种植，并且还在镇上租了一家店面，办了个小型加工厂，将辣椒加工后进行出售。本来干得如火如荼，这时候村委会不乐意了，要求唐某家停止种植辣椒。村委会认为整个海沙村都在种植水稻，唐某的承包地上也应该种植水稻，不能种植辣椒。村委会的做法对吗？

问题剖析：村委会的做法是严重错误的。根据我国《农村土地承包法》的相关规定，农村土地承包方有权依法自主生产经营，发包方干扰承包方的正常经营行为，需要承担相应的民事责任。案例中的唐某承包了海沙村的 3.1 亩土地，其儿子作为家庭成员，有权进行正常的农业生产经营，且种植辣椒并没有改变土地的农业用途，村委会无权要求唐某停止种植辣椒，更不能强制种植水稻。如果因为村委会的错误行为造成唐某家的经济损失，村委会还应当进行赔偿。

法条原文：第五十七条 发包方有下列行为之一的，应当承担停止侵害、排除妨碍、消除危险、返还财产、恢复原状、赔偿损失等民事责任：

（一）干涉承包方依法享有的生产经营自主权；

……

㊴ 农村土地经营权的受让方不履行合同义务，可以不承担责任吗？

典型案例：2006 年 7 月，岩屯村村民薛某为了扩大农业生产的规模，转包了同村村民闫某 3.7 亩土地，并签订了土地转包合同，转包期限为 10 年。每年薛某需向闫某缴纳 500 元/亩的转包费，转包费在每年年底缴清。薛某和闫某双方在合同中约定，若双方有任何一方存在违约行为，将需要支付 1 万元的违约金。2008 年 5 月，薛某在转包的 3.7 亩土地上栽种了梨树。但是，由于梨树园缺乏管理与维护，梨子年产量并没有达到薛某的理想预期。于是，薛某以果园产量不好和土地质量较差为由，连续两年未向闫某缴纳转包费。闫某要求与薛某终止转包合同，收回 3.7 亩的农村土地经营权，并让薛某补交两年的土地转包费。薛某不同意，辩称自己已经种植了梨树，转包期还有好几年，等收获多的时候再补交费用。闫某不再相信薛某的承诺，他应该如何维护自己的合法权利呢？薛某不履行合同义务，需要承担责任吗？

问题剖析：作为农村土地经营权的受让方，薛某不履行合同义务，需要承担合同约定的赔偿责任。根据我国《农村土地承包法》的相关规定，当事一方不履行合同义务或履行的义务不符合规定，要承担相应的违约责任。案例中的薛某连续两年未向闫某缴纳转包费，属于明显的违约行为，闫某可以通过与薛某协商，或者请村委会、政府进行调解，如果双方难以达成调解协议，闫某可以通过申请仲裁或向法院起诉方式，维护自己的合法权益。

法条原文：第五十九条　当事人一方不履行合同义务或者履行义务不符合约定的，应当依法承担违约责任。

40. 村委会有权收取农村土地经营权流转的"管理费"吗？

典型案例：南水村是一个靠近县城的行政村，地理位置优越，交通便利，村民大多依靠区域优势或进城务工，或自己做生意，大家的生活水平普遍较高。近年来，随着城市化的快速发展，大批进城务工的年轻人不再回村，在村中种田的人越来越少，农村土地经营权流转的现象普遍出现。为了有效规范南水村的土地流转行为，村委会制定了一个村级土地流转办法，明确了农村土地流转的一些程序和实施细则，并增加了一条收取流转"管理费"的规定，要求农村土地流出方缴纳10%的流转费作为村级"管理费"。随着南水村村级土地流转办法运行一段时间以后，有村民向上级主管部门举报村委会违规收费，引起了相关部门的重视，并委派检查组到基层调查情况。最后，检查组通过走访摸底，认定村委会收取农地流转"管理费"的情况属实，这种收费行为违反了我国相关法律法规的规定，并责令村委会立即停止收费行为。村委会有权收取农村土地经营权流转的"管理费"吗？

问题剖析：村委会无权收取农村土地经营权流转的"管理费"，也不能占有农村土地流转双方的任何收益。根据我国《农村土地承包法》第六十一条的相关规定，农村土地承包方可以依法流转承包经营权，任何组织和个人不能侵占、截留农村土地流转收益，如果擅自收取了土地收益，应当退还。案例中的南水村村民流转土地是流转双方自行商议的事情，村委会无权干预，更不能收取所谓的"管理费"。在检查组定性之后，村委会除了立即停止收费之外，还必须退还之前收取的"管理费"。

法条原文：第六十一条　任何组织和个人擅自截留、扣缴土地承包经营权互换、转让或者土地经营权流转收益的，应当退还。

41. 村主任挪用农村土地征收补偿款，需要赔偿由此造成的损失吗？

典型案例：杞子村位于某城市郊区，村中的支柱产业主要是以休闲农业为主。近年来，随着乡村文旅融合产业的发展，村民们通过农家乐、休闲农庄等方式增加了收入，生活水平普遍提高。2016 年以来，某市政府为了进一步拉动区域经济发展，扩大城郊地区开发规模，逐步开始了征地扩建工作，杞子村也被纳入了征地范围。在征地工作开始之初，当地政府安排村委会主任方某负责前期摸底工作，调查了解村民们征地搬迁的意愿。经过一段时间的走访登记，方某已基本掌握了全村村民接受征地的意愿。总体而言，在方某的沟通动员之下，大多数村民都愿意支持政府建设，同意接受征地。但是，杞子村有三户堂兄弟一直不松口，他们达成协议，一定要争取高额的补偿费才能同意征地。方某多次找到三兄弟沟通，并私下承诺只要三兄弟全权委托自己处理此次征地补偿事情，他一定会争取最高的补偿款。后来，当地政府如期拨付了征地补偿款，其中就包括三兄弟的200多万补偿款。方某没有及时将补偿款交给三兄弟，反而挪用补偿款进行了投资，最后东窗事发，受到了相应处理。方某挪用农村土地征收补偿款需要承担什么责任呢？

问题剖析： 近年来，随着国家城市化和城镇化进程的有序推进，城市建设用地指标日益短缺，而地方政府选择征收城郊农村土地进行城市建设发展的做法越来越多。这种做法在缓解城市用地压力层面发挥了重要作用，但数量庞大的征地款也引起了不少的矛盾纠纷，甚至出现私自挪用征地补偿款的违法行为。案例中的方某就是典型的违法行为代表。方某在取得杞子村三兄弟信任并全权处理其农村土地征收的时候，为了一己私利，私自挪用补偿款并用来投资，已然构成犯罪。根据我国《农村土地承包法》第六十二条的规定，方某不仅要承担刑事责任，还需要赔偿三兄弟由此造成的损失。

法条原文： 第六十二条　违反土地管理法规，非法征收、征用、占用土地或者贪污、挪用土地征收、征用补偿费用，构成犯罪的，依法追究刑事责任；造成他人损害的，应当承担损害赔偿等责任。

42. 农村土地承包方可以在承包地挖沙吗？

典型案例： 赵某长期从事石材、河沙等建筑材料的销售生意，随着房地产行业的蓬勃发展，赵某的生意做得也非常红火。近些年来，建筑材料市场的竞争越来越激烈，很多建筑材料的成本价格突飞猛涨，而其销售价格却增幅不大，尤其在河沙供应方面，由于河沙资源储备有限且部分地区开采条件严格，河沙进价持续上涨。这样一来，赵某销售建材的利润空间就下降了很多。赵某心想，如果能够自己开采河沙销售，就能够节约大量成本了，还可以获取高额收益。他想起自己在老家张庄的承包地，以前就是从河滩土地改良而来，承包地下面肯定会有河沙。随后，赵某经过自己的测试，发现自家承包地下面存有储量客观的河沙，而且河沙质量相当高。于是，赵某抓紧购买采沙设备，开始了忙碌的采沙行动。赵某的私自采沙行为，严重破坏承包地的耕作条件。村委会接到群众举报之后，立即找到赵某，要求其停止采沙行为，并依据相关法律法规对耕地的损伤进行赔偿。赵某不服，自己的承包地为什么不能自主经营？村委会的做法对吗？

问题剖析：赵某的想法和行为是不正确的，村委会有权要求赵某停止采沙行为，并赔偿相应的损失。根据我国《农村土地承包法》相关法条的规定，农村土地承包方可以依法自主进行农业生产经营活动，但必须保护和合理利用承包地，不能破坏或损伤承包地的土壤质量和耕作条件。我国农村承包地是一种稀缺资源，其优良土壤质量的形成需要长期的培育，而在现实生活中，一些农村土地经营者贪图眼前利益，私自改变承包地的农业用途，甚至破坏土地耕作条件，造成土地的永久性损伤，这是非常不可取的方法。案例中的赵某私用承包地挖沙的行为是不符合法律规定的，村委会有权要求赵某停止破坏行为，并赔偿由此造成的损失。

法条原文：……

第六十三条　承包方给承包地造成永久性损害的，发包方有权制止，并有权要求赔偿由此造成的损失。

㊸ 农村土地经营权人抛荒土地三年，发包方有权终止土地经营权流转合同吗？

典型案例：核桃村村民黄某，今年 45 岁，家中共有四口人，育有一儿一女。两个孩子都已经上了大学，经常不在家。黄某转包了村里孙某的

2.3 亩土地，用于种植水稻，承包期 5 年。他和妻子农忙的时候在家务农，其他多数时间都在外地打工，只有逢年过节才会回家小住一段时间。随着外出务工的时间久了，黄某觉得种地的经济收入太低了，于是索性荒废转包来的土地，和妻子长期进城打工挣钱，这一去就是三年。三年后的一天，核桃村村民孙某联系黄某，批评了黄某长期抛荒承包地的行为，他告诉黄某，村委会要求他在三十天之内与黄某解除农村土地经营权流转合同。黄某声称这几年在外务工太辛苦，打算回家继续种地，土地不会再闲置，请求孙某继续让他经营这 2.3 亩土地，最后孙某表示同意。然而，作为发包方的核桃村村委会对孙某的处理结果并不满意，三十天后村委会直接终止了黄某的土地承包合同，并要求黄某赔偿这三年抛荒所造成的土壤肥力下降损失 1 000 元。黄某认为自己经营的土地，荒就荒了，承包方都同意自己继续经营，村委会无权过问，况且土地承包期还没到，自己不可能解除承包合同，更不会赔偿损失。对于村委会终止土地流转合同的行为，黄某打算回村与之理论。发包方有权终止黄某的农村土地经营权流转合同吗？

问题剖析：发包方有权终止黄某的农村土地经营权流转合同。农村土地的抛荒闲置，不仅是浪费有限的土地资源，更有可能会破坏土地质

量。根据《农村土地承包法》相关法条的规定，如果土地经营权人抛荒土地时间达到连续两年以上，承包方不解除土地流转合同，发包方有权终止流转合同。案例中的黄某抛荒土地的时间已连续三年，符合终止合同的条件，并且因为抛荒造成了土壤肥力下降，黄某还应承担相应的赔偿责任。事实上，在我国目前鼓励农村土地经营权流转的大背景之下，黄某完全可以争取孙某的同意，通过再流转的方式流转土地经营权，既能释放家庭劳动力，也能提高土地资源利用效率。

法条原文：第六十四条 土地经营权人擅自改变土地的农业用途、弃耕抛荒连续两年以上、给土地造成严重损害或者严重破坏土地生态环境，承包方在合理期限内不解除土地经营权流转合同的，发包方有权要求终止土地经营权流转合同。土地经营权人对土地和土地生态环境造成的损害应当予以赔偿。

44. 国家公职人员可以干涉农村土地承包经营吗？

典型案例：马某是笪水县某局副局长，其父亲是笪水县柳史村的村民，长期居住在村子里。在最近一次的农村土地承包过程中，马某父亲以4口人的份额，承包了村里4.6亩土地，但令整个村子匪夷所思的是，这4.6亩土地全部是该村地理位置最优越、土壤肥力最好的土地。村民们都非常诧异，便有三五个村民向村委会反映这个问题，要求进行重新划分承包地，但村委会一直以各种理由推脱不解决此事。无奈之下，柳史村村民组成上访团队来到笪水县政府进行投诉，请求县政府领导班子调查这件事情。县政府接收到此消息后高度重视，立刻组成调查组进行深入走访调查。经过一周的走访和摸底，调查组最终查明情况原委：在农村土地承包开始之前，马某回家看望父亲，邀请该村村支书一起吃饭，吃饭的时候马某提到了这次土地承包的事情，希望村支书可以帮帮忙。就这样，村支书认为马某是县上的公职人员，如果搭上这条线，以后许多事情办起来可能会更方便一些，于是就在承包土地时进行了暗箱操作，把最好的土地都给了马某父亲一家。请问：马某这种干涉农村土地承包经营的行为应如何处理？

问题剖析：根据《农村土地承包法》相关法条的规定，国家公职人员干涉农村土地承包经营活动，造成当事人损失的，要承担赔偿责任；情节严重的还要由相关部门进行处罚；构成犯罪的，依法追究刑事责任。案例中的马某利用自身公职人员的身份，私下组织饭局邀请农村土地发包方的主要成员，刻意干扰农村土地承包经营活动，并且已经造成了既定事实的承包结果，属于典型的公职人员行为不当。柳史村村支书作为村级组织重要成员，不坚持农村土地承包的"公开、公平、公正"原则，干涉土地承包工作，辜负了村集体经济组织成员的信任。最终，马某和村支书分别受到了党内记大过和党内记过处分，柳史村土地承包经营工作也重新开展。

法条原文：第六十五条 国家机关及其工作人员有利用职权干涉农村土地承包经营，变更、解除承包经营合同，干涉承包经营当事人依法享有的生产经营自主权，强迫、阻碍承包经营当事人进行土地承包经营权互换、转让或者土地经营权流转等侵害土地承包经营权、土地经营权的行为，给承包经营当事人造成损失的，应当承担损害赔偿等责任；情节严重的，由上级机关或者所在单位给予直接责任人员处分；构成犯罪的，依法追究刑事责任。

45. 农村土地承包经营权证书能补发吗？

典型案例： 广乏村村民彭某为人憨厚老实，在农村土地承包时期，承包了村里的 2.5 亩土地发展种植业。几年后，彭某跟随同村人一起外出务工，家里的耕地由妻子在家种植甘蔗。2017 年初，广乏村开始全面进行农村土地承包经营权的确权登记发证工作，农村土地承包经营权证书是一项重要的土地财产证明，村民们都非常重视和配合，彭某也叮嘱妻子按照村上的统一要求，协助土地测绘人员做好自家 2.5 亩土地的定位测量。然而，在土地确权登记之后，包括彭某在内的村民们一直没有拿到农村土地承包经营权证书。彭某虽然心里着急，但由于性格内向且不善言辞，没有到村委会去问，只想着再等等应该就会发了。这一等就过去了两年。最近，彭某听说村里很多人已经领到了土地承包经营权证书，而自己一直没有收到通知。他充满了焦虑，广乏村还会不会给自己补发这份土地证书呢？

问题剖析： 广乏村肯定会给彭某补发农村土地承包经营权证书。农村土地承包经营权是农民的一项用益物权，农民通过转包、出租甚至融资担保等方式，依法实现土地的占有、使用和收益权利，而农村土地承包经营权证书正是获得这些权利的重要凭证和保障。根据《农村土地承包法》的相关规定，尚未发放的土地承包经营权证书，应该由县级以上地方人民政府补发证书。案例中的彭某虽然尚未领取到土地承包经营权证书，但也不必过于担心，政府主管部门有义务发放证书，彭某可以到村委会或上级主管部门咨询具体原因。

法条原文： 第六十六条 ……未向承包方颁发土地承包经营权证或者林权证等证书的，应当补发证书。

46. 农村可以随意预留机动地吗？

典型案例： 冯某是红木村的村民，长期在家种植姬松茸。近几年来，姬松茸的市场行情发展好，销售价格随之普遍上涨，冯某因此挣了不少钱，于是他计划着再多承包一些土地，扩大姬松茸的种植规模。他记得红木村当年在农村土地承包时期，预留了很多机动地，便想着去村委会咨询一下具体情况，最好能按现在的市场价承包过来。在得知冯某的想法之后，村委会工作人员告诉冯某，《农村土地承包法》明确规定了农村机动地的管理标准，以前预留的机动地不能超过全村耕地面积的 5%，红木村机动地超出的部分都已经承包给这几年的新增人口了，剩余不足 5% 的土地也已经由村委会副主任个人申请承包，所以冯某承包机动地的想法落空了。冯某心里很疑惑，好像自己以前也没听说过有这种规定，他半信半疑地离开村委会。那么，我国农村预留的机动地真的有这些规定吗？

问题剖析：我国农村预留的机动地的确存在严格的规定。农村机动地是农村集体经济组织在土地承包时期，为了应对可能会出现的自然灾害、人口变动、土地纠纷等问题而预留的部分土地，由于之前缺乏严格的预留标准和管理规定，部分地区肆意扩大或者随意发包机动地面积，侵害了农民集体的土地权益。根据《农村土地承包法》的相关规定，该法实施前已经预留的农村机动地，不得超过村集体耕地总面积的 5%，该法实施前尚未保留机动地，实施后不能再留机动地。案例中，村委会工作人员陈述的内容是真实的，冯某想扩大姬松茸的种植规模，可以从本村村民手中转包承包地。

法条原文：第六十七条　本法实施前已经预留机动地的，机动地面积不得超过本集体经济组织耕地总面积的百分之五。不足百分之五的，不得再增加机动地。

本法实施前未留机动地的，本法实施后不得再留机动地。

第三部分　农村土地经营权的流转办法

农村土地经营权是从农村土地承包经营权中分离出的一种土地权能，放活土地经营权，是推动农村土地经营权流转，增加农民财产性收入的重要渠道。2021年修订的《农村土地经营权流转管理办法》，严格落实农村土地"三权"分置的要求，将"农村土地承包经营权"修改为"农村土地经营权"，有助于明确农村土地权利边界，保障集体所有权和农户承包权的基本利益。同时，该法还明确了农村土地经营权流转的具体规范，提出转包、出租、入股等土地经营权流转方式，规定了受让方使用农村土地经营权再流转或融资担保的法定程序，并强调加强工商资本流转土地的审查力度，避免农村耕地出现"非粮化"用途。本部分的核心内容主要以上述背景为出发点，围绕2021年修订的《农村土地经营权流转管理办法》相关内容，通过"生动形象描述现实问题、采用典型案例反映问题、结合法条剖析问题和法条具体呈现"四个部分，解读重点法律条文，希望可以加深读者对具体法条的理解。

1. 村委会可以阻碍承包方自主流转土地经营权吗？

典型案例：贾某是某企业职工，退休之后回到了大边村的农村老家。一直习惯了朝九晚五上班生活的贾某，突然之间闲了下来，觉得很不适应。于是，贾某和同村的李某商议之后，决定通过农村土地流转的方式，租种李某的1.2亩土地，平时种一些西红柿、黄瓜、豆角、葱等蔬菜。贾某和李某双方经过协商之后，商定以每年每亩 600 元的价格进行流转，流转期限为 3 年。就在双方准备签订流转合同时，大边村村主任知道了这件事，表示不同意。村主任告诉贾某和李某，经过大边村两委讨论认为，李某承包的 1.2 亩土地所有权属于村集体，李某只有承包经营权，自己无权进行土地流转，必须要经过村委会的批准同意。贾某长期不在大边村居住，也没为村上做过什么贡献，因此，村委会不同意贾某租种村上的土地。那么，村委会的上述说法正确吗？大边村村委会能否阻碍村民自主流转土地？

问题剖析：大边村村主任的说法不正确，大边村村委会也无权阻碍村民自由流转土地。根据我国《农村土地经营权流转管理办法》第二条规定，农村土地经营权的流转要坚持依法自愿的基本原则，任何组织和个人不能阻碍承包方流转土地经营权。农村土地流转也是国家盘活农村土地经营权，实现农民财产性收入增加的重要方式。案例中的李某作为大边村村民，是这 1.2 亩农村土地的承包方，在承包期内有权决定其承包的土地是自己经营，还是流转给他人经营，这是属于承包方的自由和权利，任何组织和个人均不得干扰。而贾某退休后返回老家生活，同样具有租种土地经营权的权利，贾某和李某并没有涉及土地买卖，土地所有权仍属村集体。因此，贾某和李某自愿达成的土地经营权流转行为，大边村村委会无权干扰和阻碍。

法条原文：第二条　土地经营权流转应当坚持农村土地农民集体所有、农户家庭承包经营的基本制度，保持农村土地承包关系稳定并长久不变，遵循依法、自愿、有偿原则，任何组织和个人不得强迫或者阻碍承包方流转土地经营权。

❷ 农村土地经营权的受让方可以改变承包地的农业用途吗？

典型案例：王某是罗院村人，早年间一直靠种地为生，除了自家承包的 3.4 亩耕地之外，还通过流转的方式转包了同村赵某的 6 亩耕地。作为农村土地经营权的受让方，王某也算是个勤奋的人，每天起早贪黑地悉心照料着耕种的土地，也种植了许多农作物，总体来说收入还算不错。随着罗院村所在地的县级政府越来越重视旅游业的发展，有很多游客也会来参观罗院村的一些自然风光。这时候，王某似乎看到了商机，觉得这些外地游客来游玩，肯定需要住宿的地方。于是，他就在转包的土地上建起了民宿，以此来接待各地前来旅游的游客。通过这种方法，王某的日常收入也增加了数倍之多。可是，好景不长，罗院村村委了解这些情况之后，村主任告诉王某，王某私自利用耕地建设民宿，改变了农村土地的农业用途，违背了农村土地经营的相关规定，必须限期拆除民宿，恢复农村土地原状，并且赔偿由于建设民宿造成的各类损失，否则将收回这 6 亩土地的经营权。那么，根据相关规定，农村土地经营权的受让方可以改变承包地的农业用途吗？

问题剖析：未经批准，农村土地经营权的受让方不可以改变承包地的农业用途。根据我国《农村土地经营权流转管理办法》第三条的规定，农村土地经营权的受让方不得改变承包地的所有权性质及农业用途。案例中的王某，未经任何程序，私自在转包的 6 亩耕地上建设民宿，改变了农村承包地的农业用途，甚至会损害这 6 亩耕地的质量，必须尽快拆除民宿，恢复农村土地原状，并承担由此产生的相应法律责任。

法条原文：第三条　土地经营权流转不得损害农村集体经济组织和利害关系人的合法权益，不得破坏农业综合生产能力和农业生态环境，不得改变承包土地的所有权性质及其农业用途，确保农地农用，优先用于粮食生产，制止耕地"非农化"、防止耕地"非粮化"。

❸ 农村土地经营权流转可以大规模地"一刀切"吗？

典型案例：近年来，随着国家不断推动农村土地产权制度改革，农村土地的财产性价值日益突出，农村土地流转的规模也逐渐扩大。青甲村是一个农业大村，承担着重要的粮食种植任务。随着城市化进程的快速推进，青甲村大批农青壮年劳动力外出务工，造成农村承包地"非粮化"甚至闲置的问题十分严重。在青甲村当地政府的压力之下，青甲村开始大力推动村内的土地经营权流转，以此提高农村土地的利用效率。然而，由于工作重视程度不足及其他原因的影响，青甲村的农村土地经营权流转规模仍然偏小，难以达到当地政府规定的基本标准，青甲村村委会成员也受到了处分。为了应对上级考核压力及保持村庄的持续发展，青甲村村委会商议决定，将全村闲置的土地经营权全部整合起来，一次性流转给村里的几个承包大户，集中规模种植水稻。然而，这项决定却受到了承包大户及村民的反对，他们认为采取这种大规模的"一刀切"方式流转土地，忽视了市场风险和本村耕地的分布特点，很容易引起经营风险和严重损失。青甲村村委会听不进建议，很快明确了农村土地流转的限定时间，要求涉及的村民必须在限期内签订农村土地经营权流转合同。青甲村村委会的做法正确吗？农村土地经营权流转可以大规模地"一刀切"吗？

问题剖析： 青甲村村委会的做法不正确，农村土地经营权流转应当循序渐进，不可以大规模地"一刀切"。根据我国《农村土地经营权流转管理办法》第四条的规定，农村土地经营权的流转应当坚持因地制宜和循序渐进的原则，流转规模要适中有度。案例中的青甲村村委会为了应对上级考核压力及保持村庄的持续发展，强制要求一次性地大规模流转土地，忽略了青甲村的实际情况，容易引发不必要的经营风险，所采取的强制流转方式也不符合国家相关法律规章的规定。

法条原文： 第四条 土地经营权流转应当因地制宜、循序渐进，把握好流转、集中、规模经营的度，流转规模应当与城镇化进程和农村劳动力转移规模相适应，与农业科技进步和生产手段改进程度相适应，与农业社会化服务水平提高相适应，鼓励各地建立多种形式的土地经营权流转风险防范和保障机制。

❹ 农村土地经营权流转过程中，基层人民政府有管理之责吗？

典型案例： 孙某是马依镇大树沟村村民，妻子两年前因车祸去世了。孙某的儿子孙某民目前已经结婚，并且在省城有一份不错的工作，也不需要孙某再过多的操心。孙某民本来想接父亲过去一起生活，但孙某不想给儿子添麻烦，一直找各种理由不去省城。虽然孙某年纪大了，但他在家也闲不住，他通过转包的方法承租了同村黄某的 0.9 亩土地，平时种点蔬菜、玉米，也能够自给自足。但是，由于孙某年龄大了，在签订土地流转合同的时候，误将自己的名字写错，起初双方并没有在意，觉得都是熟人，结果都一样。然而，大树沟村村委会在年底核查农村土地流转合同之时，发现了这处错误，并认为孙某与黄某的土地转包合同无效，应当立即解除合同关系。但是，孙某和黄某都已经认可合同，并且多次与大树沟村村委会协商无果。那么，在这种情况之下，孙某可以向马依镇政府部门寻求帮助吗？

问题剖析： 孙某可以申请马依镇人民政府参与处理农村土地转包合同的问题，马依镇政府也有农村土地经营权流转及流转合同的管理之责。根据我国《农村土地经营权流转管理办法》第五条的规定，乡（镇）人民政府要负责管理辖区的土地经营权流转及流转合同。案例中孙某和黄某签订了农村土地转包合同，虽然孙某误将自己的名字写错，但孙某和黄某都已经认可且履行合同，村委会无权单方面要求终止合同。在协商无果的情况之下，孙某可以向马依镇人民政府反映情况，请求马依镇人民政府协调处理农村土地经营权流转过程的合同问题。

法条原文： 第五条 ……

乡（镇）人民政府负责本行政区域内土地经营权流转及流转合同管理。

5. 农村土地经营权的流转对象必须是同村村民吗？

典型案例：2011年，六田村村民赵某从外地打工回家，见到村里的一些贫困村民通过土地经营权流转的方式，种植了大片的果树，不仅使得农村土地免于荒废，还获得了不少的经济收入，摆脱了昔日的贫困。赵某长期在外务工，体会到了东奔西走的不易，便想留在老家承租一些土地种植果树，但由于六田村闲置土地不多，赵某于是流转了邻村虞火村李某的10亩土地经营权，用于种植芒果和火龙果，期限为15年。随后，赵某与李某签订了农村土地流转合同，并向作为发包方的虞火村村委会备案。然而，在备案过程中，虞火村村主任告诉赵某，农村土地经营权的流转对象必须是同村村民，李某无权将土地经营权流转给外村人，并要求赵某与李某解除合同。赵某认为李某是虞火村土地承包方，有权自主决定土地经营权的流转对象，坚持按照合同执行双方约定。那么，谁的说法正确呢？农村土地经营权的流转对象必须是同村村民吗？

问题剖析：虞火村村主任的说法不正确，农村土地经营权的流转对象并未限制在同村村民范围之内。根据我国《农村土地经营权流转管理办法》第六条的规定，在承包期内，承包方可以自主决定农村土地经营权的流转对象和方式，并未将农村土地经营权的流转对象限制在同村村民范围

之内。案例中的李某作为虞火村土地承包方，有权决定将农村土地经营权流转给六田村村民赵某，赵某可以在流转期限内依法自主进行农业生产活动，任何组织和个人都无权干涉。

法条原文：第六条 承包方在承包期限内有权依法自主决定土地经营权是否流转，以及流转对象、方式、期限等。

⑥ 村委会有权决定农村土地流转收益的分配吗？

典型案例：李家村是位于云南边境上的一个小村落，因青壮年劳动力外出务工，导致村里大部分的土地抛荒闲置，长期无人耕作。李家村村民经过多次协商，打算将闲置的50多亩土地流转出去，既可以有效利用耕地，也可以增加承包户的家庭收入。经过一番比较，最后由隔壁村的阮某获得这50多亩土地经营权，用于种植有机蔬菜。双方签订了农村土地流转合同，约定阮某每年向李家村农户支付每亩600元的土地流转租金，由李家村村委会统一收取，再分别交还给土地经营权流出方。等到第一笔租金到账之后，李家村村委会并未及时交付，而是告知这些土地经营权流出方，村委会是农村土地发包方，应该有权利享受此次土地经营权的流转收益，要求参与收益分配。李家村村民非常不满，他们认为村委会是基层群众性自治组织，没有权利享受承包方的土地经营权流转收益。双方为此争论不断。那么，村委会是否有权分配农村土地经营权的流转收益呢？

问题剖析：村委会无权分配农村土地经营权的流转收益。根据我国《农村土地经营权流转管理办法》第七条的规定，农村土地经营权的流转收益归承包方所有，任何组织和个人无权截留。案例中的李家村村民与阮某自愿签订农村土地流转合同，土地流转收益理所应当地由这50亩土地的承包方享有，李家村村委会无权干涉或截留租金，并且应该将全部租金及时交给村民。如果因村委会截留租金造成承包方或土地经营权受让方受损失，村委会还需要承担相应的责任。

法条原文：第七条 土地经营权流转收益归承包方所有，任何组织和个人不得擅自截留、扣缴。

7 未经承包方的同意，村民可以流转承包方的土地经营权吗？

典型案例： 沙井村村民杜某，在农村土地承包时期，获得了8亩土地的承包经营权，一直用于种植甘蔗和水稻。然而，由于农业生产经营的收益较低，杜某举家到东部沿海城市务工，每年年底偶尔返回老家居住，有时甚至几年不归，承包的8亩土地长期闲置。杜某的邻居万某，看到杜某家的承包地无人耕种，便编造了杜某口头委托自己管理的理由，私自将杜某承包的8亩土地经营权出租给村外亲戚刘某，双方达成口头协议，约定土地租期为7年，并由万某收取一定的租金。由于杜某长期不在家，村里的其他村民也不了解实际情况，万某私自流转杜某土地经营权的事情一直未被发现。直到5年后的春节前夕，杜某从外地返回老家办事，无意中知道了刘某耕种自家承包地的事情，于是要求刘某立即停止耕作，归还8亩土地经营权，并赔偿自己的损失。刘某认为杜某无理取闹，自己已经将土地租金支付给了万某，如果存在问题，杜某也应该找万某协商。杜某找到万某，指责他私自出租自己承包地的行为，要求万某交还土地租金，并让刘某立即归还土地。万某同意退还土地租金，但认为自己和刘某约定的期限还剩两年，如果催促刘某归还土地经营权，自己就太没面子，随而让杜某将土地再租给刘某耕种两年。杜某无奈之下，决定到村委会申请调解。那么，没有经过承包方杜某的同意，万某可以出租杜某的土地经营权吗？

问题剖析： 未经杜某的同意，万某无权出租杜某的土地经营权。根据我国《农村土地经营权流转管理办法》第八条的规定，没有承包方的书面委托，任何组织和个人都不能流转承包方的土地经营权。案例中的万某未经承包方杜某书面同意，编造口头委托的说辞，擅自将杜某的8亩土地经营权出租给刘某，以便谋取租金收入。万某的这种行为是违法的，他与刘某达成的口头流转协议无效。杜某可以申请沙井村村委会给予调解，要求侵权方归还土地经营权并赔偿自己损失。如果难以达成和解，杜某还可以通过法律渠道进行维权。值得注意的是，农村承包地是一项重要的农业生产资源，杜某长期抛荒土地的行为造成了土地资源的浪费，是一种不可取的选择。如果杜某继续外出务工，无力耕种承包地，可以通过转包或出租等方式流转土地经营权，提高农村土地资源的利用率。

法条原文：第八条 承包方自愿委托发包方、中介组织或者他人流转其土地经营权的，应当由承包方出具流转委托书。委托书应当载明委托的事项、权限和期限等，并由委托人和受托人签字或者盖章。

没有承包方的书面委托，任何组织和个人无权以任何方式决定流转承包方的土地经营权。

8. 农村集体经济组织成员拥有土地经营权的优先受让权吗？

典型案例： 2001 年，江海县瓦兴村村民张某承包了村里的 12 亩土地，用于种植香蒜。前几年，香蒜的市场行情发展较好，张某依靠种植香蒜获得了一些收入。近年来，香蒜收购价格不景气，张某便打算放弃在家务农，准备去大城市闯一闯。于是，张某对外声称要出租承包的 12 亩土地经营权，期望的租金是每亩每年 800 元。很快，江海县的一家从事农业经营的某粮油公司联系赵某，希望可以承租张某的全部土地经营权。双方商议之后，达成了农村土地经营权流转协议，但就在准备签订流转合同之时，张某同村的余某表示，自己愿意支付相同的租金，承租张某的 12 亩土地经营权，用于扩大香蒜种植规模。张某认为自己与余某是同村村民，出于熟人情面的考虑，不太好拒绝，但自己与某粮油公司已提前谈妥，并且将土地经营权出租给粮油公司的租金收益更加稳定。虽然张某有过一段时间的纠结，但最终还是决定与某粮油公司签订土地经营权流转合同。余某得知这一消息之后，心里很生气，认为自己和张某是同一个村集体成员，张某应该优先将土地经营权转包给自己，不应该偏向外村人。随后，余某请瓦兴村村委会出面，动员张某将土地经营权转包给自己。那么，瓦兴村村委会会如何处理呢？

问题剖析：余某和张某是同村村民，在同等条件下，余某享有张某土地经营权的优先受让权。根据我国《农村土地经营权流转管理办法》的第九条规定，农村土地经营权可以流转给具有农业经营能力或资质的企业或个人，但在同等条件下，集体内成员拥有优先权。案例中的张某可以自主决定土地经营权的流转对象，但流转给社会企业还需要依法进行相关审查，不能直接签订流转合同。况且，余某和张某是同村村民，在同等条件下，余某享有张某土地经营权的优先受让权，瓦兴村村委会应该动员张某将土地经营权转包给余某。

法条原文：第九条　土地经营权流转的受让方应当为具有农业经营能力或者资质的组织和个人。在同等条件下，本集体经济组织成员享有优先权。

⑨ 农村土地经营权的流转期限届满后，受让方可以优先续约吗？

典型案例：吕某是钟善村村民，由于从小家里贫困，读完初中就开始外出打工。后来，随着吕某年纪越来越大，文化程度又相对偏低，在城市很难找到合适的工作，他便打算回家种植承包的几亩土地。吕某在大城市见过世面，为人也踏实肯干，回家种植的青花椒收成很好，也卖出了不错的价钱，日子过得越来越红火。近年来，随着城市化进程的不断加快，钟善村大量村民外出务工，农村土地抛荒闲置的现象时有发生。吕某的邻居曾某准备去上海务工，承包的5亩土地就闲置了出来，也没有找到合适的承租方。吕某听到这个消息，便想转包这些土地种植青花椒。吕某和曾某商议了土地租金，约定转包期为5年，租金每年共1 500元，并签订了正式的农村土地流转合同，到村委会进行了备案。吕某转包土地的第5年，向曾某表达了想要续约的意愿，获得了曾某的默许。而此时，钟善村的承包大户徐某准备在村里规模化种植水稻，计划流转村里的 60 亩土地，且每年每亩支付租金 600 元，曾某的 5 亩土地就在流转范围之内。曾某和吕某的土地流转合同到期之后，曾某并没有事先和吕某商量，便决定将土地流转给租金较高的徐某，双方约定流转期限为 10 年。那么，曾某的做法合适吗？吕某是否有权优先续约？

问题剖析： 曾某的做法欠考虑，在同等条件下，吕某享有优先续约的权利。根据我国《农村土地经营权流转管理办法》第十条的规定，农村土地经营权的流转期限届满后，受让方可以优先续约。案例中的吕某作为农村土地经营权的受让方，与曾某签订了农村土地流转合同，并表达了续约的意愿。因此，在土地流转期限届满后，曾某应当了解清楚吕某是否愿意按照最新的土地租金价格续约，即每年每亩 600 元，如果吕某不再续约，曾某可将土地经营权流转给徐某。否则，在同等条件下，吕某有权优先续约。曾某在未跟吕某商议的情况下，直接将承包的 5 亩土地经营权流转给徐某是不合适的，也有损村集体成员之间的情感。

法条原文： 第十条　土地经营权流转的方式、期限、价款和具体条件，由流转双方平等协商确定。流转期限届满后，受让方享有以同等条件优先续约的权利。

⑩ 农村土地经营权的受让方可以改变土地农业用途吗？

典型案例： 钱某和王某同为郭拏村的村民，两人关系一直不错。2010 年 6 月，钱某和王某签订了农村土地转包合同，钱某将其承包的 2.5 亩土地转包给王某，转包期限为 15 年，转包费按照每年每亩 500 元缴纳，年底结清。两人签订合同之后，钱某依约将承包地交于王某耕种，随后全家赴外地打工。2012 年，为了获取更多的经济收益，王某在流转的土地上建起了砖窑，开始烧制砖瓦销售。钱某年底回家听同村村民说起这一消息后，非常愤怒，他认为王某擅自改变了土地农业用途，与签订的协议相违背，在承包地上建设砖窑很可能会对耕地产生极大破坏，要求与王某终止土地经营权流转合同。但王某认为自己已经支付了土地转包费，作为农村土地经营权的受让方，可以自主决定如何经营土地，钱某无权干涉，况且双方签订的合同期限还未到期，不同意解除合同。双方之间产生激烈争论，无奈之下，钱某请求郭埠村村委会进行调解。那么，作为农村土地经营权的受让方，王某可以改变土地的农业用途吗？

问题剖析：王某不得改变农村土地的农业用途。近年来，随着我国农村承包地的财产性价值日益增加，部分农村土地承包方或受让方为了谋取高额收益，擅自改变农村承包地的农业用途，造成农业生产经营有"非农化""非粮化"的潜在隐患。根据我国《农村土地经营权流转管理办法》的相关规定，农村土地经营权的受让方应严格依法保护土地，禁止通过任何形式改变土地的农业用途。案例中的王某未经任何程序，私自利用流转的土地建设砖窑，破坏了承包地的耕作条件，对耕地的可持续发展产生严重的影响，不仅违背了与钱某签订的合同要求，也不符合法律规章的规定。钱某有权要求王某尽快恢复土地原状，甚至可以单方面终止土地经营权流转合同。

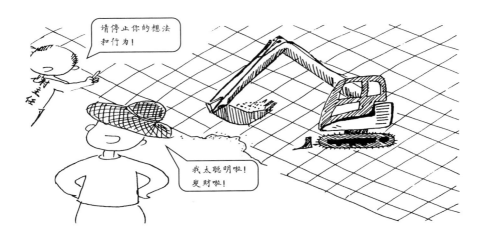

法条原文：第十一条　受让方应当依照有关法律法规保护土地，禁止改变土地的农业用途。禁止闲置、荒芜耕地，禁止占用耕地建窑、建坟或

者擅自在耕地上建房、挖砂、采石、采矿、取土等。禁止占用永久基本农田发展林果业和挖塘养鱼。

⓫ 农村土地经营权的受让方可以再次流转土地吗？

典型案例： 石某的父母是土生土长的农民，他们通过在家务农获得收入供养石某读大学。大学毕业后的石某回到了农村老家，希望通过自己学到的农业技术，在农村规模化种植水稻。由于自家的承包地相对较少，石某通过转包的方式，流转了同村刁某和周某的14亩土地，转包期为10年。经过几年的悉心经营，石某种植的水稻产量和品质都很高，在当地形成了一定的影响力，他也因此获得了一些农业技术推广机构的认可和邀请，可以参与指导各地的农业生产经营活动。石某非常兴奋，认为这是一个不可多得的机会，但如果自己去农业技术推广机构，就意味着种植的水稻无人看管。思索再三，石某最终决定把转包的14亩土地流转给同村好友李某，由李某继续种植优质水稻。可是，石某的父母对此特别担心，他们认为石某并非这些土地的承包方，转包而来的土地是否有权再次流转呢？

问题剖析： 石某转包的土地经营权可以再次流转，但必须要符合一定条件。根据我国《农村土地经营权流转管理办法》第十二条的规定，农村土地经营权的受让方可以融资担保或再次流转土地经营权，但需要取得承

包方的书面同意，并且向发包方备案。案例中的石某因个人原因不能继续经营土地，可以将转包的 14 亩土地经营权流转给同村好友李某，但需要事先征得承包方刁某和周某的书面同意，并向发包方即农村集体经济组织或村委会备案。

　　法条原文：第十二条　受让方将流转取得的土地经营权再流转以及向金融机构融资担保的，应当事先取得承包方书面同意，并向发包方备案。

⑫ 农村土地经营权的流转合同到期之后，受让方的农业生产设施投资可以获得补偿吗？

　　典型案例：斗炉村村民叶某转包了同村村民龙某的 10 亩土地，用于种植本地的特色水果砂糖橘，转包期限为 10 年。叶某和龙某签订流转合同之后，便开始整理土地，并在征得龙某同意的前提下，修建了一些灌溉设施，有条不紊地开始种植砂糖橘。由于叶某的辛勤付出和精心培育，砂糖橘产量一年比一年高，经济收益也越来越好，叶某也因此成为斗炉村的致富能手。随着时间的流逝，叶某转包土地的期限将至，他便与龙某商议续约的相关事宜。然而，龙某却告诉叶某，自己要在老家种植一些农作物，不打算再流转这 10 亩土地，希望叶某按照合同约定按时交还土地经营权。叶某虽不情愿，但也只能按照合同执行，同意龙某收回土地经营权。不过，叶某认为自己为了提高砂糖橘的种植质量，投资兴建了一些灌溉设施，如果龙某收回土地经营权，需要给予相应的补偿。龙某认为叶某已经通过这些灌溉设施获得了经济回报，不应该再找自己要补偿，因而并未搭理叶某。那么，叶某有权获得相应的补偿吗？

　　问题剖析：叶某有权获得合理的补偿。根据我国《农村土地经营权流转管理办法》第十三条的规定，经承包方同意，农村土地经营权的受让方可以依法进行农业生产设施投资，流转合同到期之后，受让方的农业生产投资可以获得合理补偿。案例中的受让方叶某，转包了同村龙某的 10 亩土地，并在征得龙某同意的前提下，修建了一些灌溉设施，花费了大量的时间和精力保护土地。农村土地经营权的流转合同到期之后，叶某有权获得合理的补偿。至于具体的补偿标准，可以由叶某和龙某双方依据合同约定或相互商议决定。

法条原文：第十三条　经承包方同意，受让方依法投资改良土壤，建设农业生产附属、配套设施，及农业生产中直接用于作物种植和畜禽水产养殖设施的，土地经营权流转合同到期或者未到期由承包方依法提前收回承包土地时，受让方有权获得合理补偿。具体补偿办法可在土地经营权流转合同中约定或者由双方协商确定。

⑬ 农村土地经营权可以作价入股到农业发展公司吗？

典型案例：何某是永茨村村民，在农村土地承包时期承包了村里的8亩土地，一直用于种植玉米。近年来，随着国家对农村产业发展的持续扶持，农业生产经营的规模化程度日益扩大，永茨村的许多村民开始规模化种植羊肚菌，获得了很好的经济收益。何某看到村民们通过种植羊肚菌提高了生活水平，也打算加入种植羊肚菌的队伍。然而，由于何某缺乏相关的种植经验，对羊肚菌的生长条件也不太熟悉，种植羊肚菌的第一年就遭受了重大损失，投入的资金几乎赔得一干二净。何某的亲戚劝他放弃继续种植，直接将8亩土地的经营权作价入股到本地的农业发展公司，这样不仅不用自己去管理，还可以成为股东获得收益分红。何某虽然心动，但他认为这8亩土地毕竟是自己从村里承包的，觉得自己没有权利随便将承包地的经营权入股到公司，内心十分纠结。那么，何某可以将农村土地经营权作价入股到农业发展公司吗？

问题剖析：何某可以将农村土地经营权作价入股到农业发展公司，并成为该公司的股东。根据我国《农村土地经营权流转管理办法》的相关规定，农村土地承包方可以自主决定土地经营权的流转方式，依法采取转包、出租、入股等方式流转土地，用于开展农业生产经营活动。所谓的入股方式，就是农村土地承包方将部分或全部土地经营权作价入股到企业或合作组织，进行农业生产经营。近年来，国家鼓励农村土地承包方通过多种方式流转土地，盘活农村土地经营权，防止农村土地荒废闲置，造成土地资源的浪费。案例中的何某将承包地的经营权入股到农业发展公司，是符合相关规定的合法流转方式。何某缺乏种植羊肚菌的经验和能力，与其占用有限的土地资源，不如及时将土地经营权入股到公司，从而获取一定的经济收益，也能有效发挥农村土地资源的内在价值。

法条原文：第十四条 承包方可以采取出租（转包）、入股或者其他符合有关法律和国家政策规定的方式流转土地经营权。

出租（转包），是指承包方将部分或者全部土地经营权，租赁给他人从事农业生产经营。

入股，是指承包方将部分或者全部土地经营权作价出资，成为公司、合作经济组织等股东或者成员，并用于农业生产经营。

⑭ 承包方流转土地经营权之后，还需要承担保护土地的义务吗？

典型案例：竹窄村村民寸某承包了村里的5亩土地，一直用来种植有机蔬菜，获得了一定的经济收入。近年来，由于雨水天气较多，寸某的有机蔬菜受损严重，使得其务农的收益明显下降。寸某与家人商议，决定放弃在家种植蔬菜，和其他村民一起外出务工，并把承包的5亩土地出租给邻村的亲戚邹某，用来种植核桃。寸某和邹某签订了土地流转合同，约定了流转租金、期限和用途，便开始到城市务工。邹某获得土地经营权之后，并未按照约定种植核桃，反而用来建房经营农家乐。竹窄村村委会接到群众举报，发现邹某擅自改变土地用途，便及时制止了邹某的建房行为，并告知寸某这一情况，请寸某履行承包方的义务，督促邹某维持土地的农业用途。寸某拒绝了村委会的要求，他认为自己虽然是农村土地承包方，但是已经将土地经营权流转给了邹某，在流转期限内，这块土地已经和自己没关系了，反正房子也没建成，自己也没有义务为了村委会而得罪人。那么，寸某的想法正确吗？承包方流转土地经营权之后，还需要承担保护土地的义务吗？

问题剖析：寸某的想法不正确，寸某即使流转了土地经营权，仍需承担保护土地的义务。根据我国《农村土地经营权流转管理办法》第十五条的规定，农村土地经营权流转之后，承包方与发包方的承包关系不变，承包方仍然要承担相应的义务。案例中寸某虽然流转了5亩土地经营权，但他与发包方的关系并未改变，在了解受让方邹某私自改变土地用途之后，寸某应该要求和监督邹某改正错误行为，保证流转土地的农业用途。

法条原文：第十五条　承包方依法采取出租（转包）、入股或者其他方式将土地经营权部分或者全部流转的，承包方与发包方的承包关系不变，双方享有的权利和承担的义务不变。

⑮ 农村土地经营权入股的公司一旦解散，入股的土地可以退回吗？

典型案例：布格镇是云南边境的一个小镇，为了促进本镇的农业产业化经营，合理利用有限的土地资源，提升土地利用率，布格镇号召各村村民将承包的土地折价入股，加盟本地的一家农业经营公司。村民们对此事都犹豫不决，者某也是有所顾虑，他担心一旦入股的公司经营不善，自己的承包地就难以获得收益。在朋友的建议下，者某为了降低风险，采用了优先股的入股方式，率先将自己的 10 亩土地入股到农业经营公司，并且签订了 10 年的入股合同。在入股之后，作为股东的者某再也不用自己亲自耕种土地，每年还可以获得固定收益。可是好景不长，在者某入股的第六年，该农业公司就负债累累，对外宣布破产解散。者某顿时陷入了恐慌，担心入股的土地要不回来。那么，在者某入股的公司解散之后，者某还可以拿回承包地的经营权吗？另外，者某入股的土地经营权还可以获得收益吗？

问题剖析：在农业经营公司解散之后，者某可以依法拿回承包地的经营权，并且根据该公司剩余资产情况，优先获得土地经营权的收益分配。根据我国《农村土地经营权流转管理办法》第十六条的规定，农村土地经营权入股的公司一旦解散，入股的土地应当退回原承包方。案例中的农业经营公司解散之后，应该退还者某的土地经营权。由于者某采用了优先股的入股方式，在农业经营公司资产清算之时，者某可以优先于普通股东分配剩余资产，用以补偿土地经营权的入股收益。

法条原文：第十六条 承包方自愿将土地经营权入股公司发展农业产业化经营的，可以采取优先股等方式降低承包方风险。公司解散时入股土地应当退回原承包方。

⑯ 农村土地经营权的流转合同必须要备案吗？

典型案例：元邑村村民吴某和谢某经过平等协商，决定互换双方的 2 亩水田，并于 2005 年签订了农村土地互换合同，但并没有向发包方备案。随后，吴某和谢某按照合同约定，分别在互换后的土地上进行耕种。2013 年 12 月，吴某耕种的这 2 亩水田因政府修建公路被征用，并依法享有征地补偿费 5 万余元。而此时，吴某和谢某却因这笔土地补偿费产生了极大的争议。谢某认为这笔补偿款应归自己所有，自己与吴某互换土地的行为，只能算私下约定，双方虽然签订了土地互换合同，但并没有向发包方备案，合同不具备法律效力，应该就此作废。吴某并不认可谢某的说法，吴某认为双方签订的合同已有法律效力，并且各自在互换的土地上耕作多年，征地补偿费必然属于自己。双方争论不休，于是决定请村委会出面调解。元邑村村委会工作人员认为，吴某和谢某虽然签订了土地互换合同，但并未向发包方备案，农村土地流转程序不完整，因而认定双方签订的合同无效。元邑村村委会工作人员的说法正确吗？农村土地经营权的流转合同必须要备案吗？吴某是否要将征地补偿费还给谢某？

问题剖析：农村土地经营权的流转合同应向发包方备案，但元邑村村委会工作人员的说法不完全正确，吴某依法享有这2亩土地的征地补偿费。根据《农村土地经营权流转管理办法》第十七条的规定，农村土地经营权的流转双方应坚持平等协商的基本原则，签订书面流转合同，并向发包方备案。案例中的吴某和谢某虽然签订了土地互换合同，但并未向发包方备案，农村土地流转程序不完整。但根据《最高人民法院关于审理涉及农村土地承包纠纷案件适用法律问题的解释》第十四条的规定，采取出租、互换等方式流转土地经营权的合同，即使没有进行备案，发包方也不能仅因未备案而认定合同无效。因此，吴某和谢某签订的农村土地互换合同有效，吴某依法享有这2亩土地的征地补偿费。

法条原文：《农村土地经营权流转管理办法》第十七条　承包方流转土地经营权，应当与受让方在协商一致的基础上签订书面流转合同，并向发包方备案。

……

《最高人民法院关于审理涉及农村土地承包纠纷案件适用法律问题的解释》第十四条　承包方依法采取转包、出租、互换或者其他方式流转土地承包经营权，发包方仅以该土地承包经营权流转合同未报其备案为由，请求确认合同无效的，不予支持。

⑰ 农村土地承包方可以口头委托他人流转土地经营权吗？

典型案例：丫密村村民彭某承包了村里的4亩水田，用于种植老品种西番莲。近年来，随着新品西番莲的冲击，彭某种植的老品种西番莲销售市场不景气，一年的种植收入仅能勉强维持一家人开支。经过一番思考，彭某决定举家进城务工，希望获得一些收入补贴家用。由于时间紧凑，彭某便口头委托同村的肖某代为流转4亩水田的经营权。恰巧，肖某的朋友刘某最近想租种一些水田，用于发展种植业。肖某和刘某很快谈妥了这4亩水田的流转价格和期限，就在准备签订流转合同之时，刘某突然产生了犹豫，他认为这份农村土地流转合同应该由自己与彭某签订，肖某没有书面的委托书，是否能够代表彭某签订合同呢？万一后面有什么纠纷就麻烦了。肖某表示，彭某已经口头委托自己全权代理，大家都是熟人，完全没必要担心。那么，刘某的担忧有必要吗？彭某是否可以口头委托肖某代为流转土地经营权？

问题剖析： 刘某的担忧是十分必要的，彭某应当按照相关法律规定，书面委托肖某代为流转土地经营权，而非采取口头委托的方式，以免产生不必要的纠纷。根据我国《农村土地经营权流转管理办法》第十八条的规定，承包方可以委托他人流转土地经营权，但应当出具书面委托证明。近年来，随着农村土地流转规模的不断扩大，因口头协议、私下流转等不规范流转行为而引起的纠纷日益增多，严重影响了农村土地流转各方的合法利益以及农业规模化经营的效益，必须要高度重视。案例中的彭某口头委托同村的肖某代为流转4亩水田的经营权，并未出面委托，因而在签订农村土地流转合同之时，肖某不具备签约资格，应由受让方刘某与承包方彭某签订，以免日后引起土地流转纠纷。

法条原文： 第十八条　承包方委托发包方、中介组织或者他人流转土地经营权的，流转合同应当由承包方或者其书面委托的受托人签订。

⑱ 农村土地经营权的流转合同要明确违约责任吗？

典型案例： 2013年3月底，刘某转包了孙某承包的20亩土地，用于培育花卉。双方签订了正式的土地流转合同，规定转包期限为13年，转包费用每年共计 10 000 元，每两年支付一次转包费。由于刘某与孙某是同村村民，彼此之间相互熟悉，因而签订的合同里并未约定违约责任。刘某转包土地之后，便开始准备种植花卉。刘某之前接受过相关的专业培训，其花卉培育过程相当顺利，市场销量也很可观。然而，过了几年，由于市场上鲜花的新品种蜂拥而出，刘某通过传统培育方式种植的花卉逐渐失去了市场份额，于是放弃继续种植花卉，转而到外地经商，流转而来的20 亩土地渐渐被抛荒闲置，刘某与孙某约定的土地转包费也未按时缴纳，连续拖欠了两年。为此，孙某非常生气，多次与刘某沟通，主张收回这20 亩土地经营权，并要求刘某补偿拖欠的转包费及延期支付造成的损失。刘某同意交还土地经营权，但心想自己多年未耕种土地，就不应该再缴纳转包费，况且合同中并未规定这些违约内容，随而拒绝了孙某的补偿诉求，双方也因此产生纠纷。那么，刘某拖欠孙某两年土地转包费，需要补偿吗？农村土地经营权的流转合同是否要明确违约责任呢？

问题剖析：农村土地经营权的流转合同应当明确违约责任，刘某理应补偿孙某两年土地转包费及延期支付造成的损失。根据我国《农村土地经营权流转管理办法》第十九条的规定，农村土地经营权的流转合同应当包括流转方式、期限、用途等基本信息，明确流转双方的权利义务和违约责任。案例中刘某作为农村土地经营权的受让方，因个人原因拖延支付孙某两年土地转包费，并且闲置土地造成资源浪费，有违双方流转土地的初衷，理应补偿孙某两年土地转包费及延期支付造成的损失。如果双方无法达成一致意见，孙某可以请求所在村委会协商此事，也可将此事上诉至法院解决。值得注意的是，孙某在与刘某签订合同之时，应认真查阅合同内容，不能因同村关系而忽视了有关违约责任的约定，在农村土地流转的相关纠纷事件中，合同的内容至关重要。如果签订的农村土地流转合同存在过程不规范、内容不健全等问题，都可能为日后的突发纠纷埋下隐患。案例中的刘某与孙某正是由于合同内容不规范而引致争议，因而在农村土地经营权的流转合同中，要明确流转双方的权利义务和违约责任。

法条原文：第十九条　土地经营权流转合同一般包括以下内容：

……

（十）违约责任。

土地经营权流转合同示范文本由农业农村部制定。

⑲ 农村土地承包方可以单方解除土地经营权流转合同吗？

典型案例：仓隆村村民艾某，在农村土地承包时期，承包了村里的3亩土地，一直用来种植中草药天麻。近年来，艾某随着年龄的增长，身体状况也不太好，便打算离开老家，和妻子一起去县城的儿子家居住，一家人相互有个照应。在进城之前，艾某将承包的3亩土地转包给了同村的秦某，并与之签订了转包合同，期限为10年。秦某流转土地之后，开始悉心种植中草药重楼，但由于市场行情不好，重楼价格波动较大，秦某的经营收益相对较低。在转包第6年的时候，秦某决定放弃种植重楼，擅自将3亩土地硬化并修建养猪场，艾某知道这一情况之后，多次联系秦某，要求秦某恢复土地原状并终止土地流转合同，这一要求遭到了秦某的拒绝。无奈之下，艾某决定单方解除土地经营权流转合同。那么，艾某有权这样做吗？

问题剖析：艾某有权单方解除土地经营权流转合同。根据我国《农村土地经营权流转管理办法》第二十条的规定，农村土地经营权的受让方如果擅自改变土地的农业用途、严重损坏土地或连续抛荒两年以上，承包方

有权单方解除土地经营权流转合同。案例中的秦某擅自将3亩土地硬化并修建养猪场，改变了农村土地的农业用途，甚至可能造成土地的损坏，艾某可以单方解除土地经营权流转合同，收回农村土地的经营权。

法条原文：第二十条　承包方不得单方解除土地经营权流转合同，但受让方有下列情形之一的除外：

（一）擅自改变土地的农业用途；

……

20. 农村土地经营权的融资担保，需要备案并上报乡（镇）人民政府吗？

典型案例：扎白村村民翟某，承包了村里的5亩土地，用来种植苹果。近几年来，扎白村在国家的扶持之下，大力发展高原特色生态农业，形成了小黄姜的特色种植产业，销售渠道十分畅通，规模种植带来的经济收益逐年升高。翟某在和家人商议之后，也打算和村民们一起种植小黄姜，但前期的投入资金尚有不足。为了筹措产业发展资金，翟某决定将5亩土地的经营权进行融资担保，并与当地的农村商业银行达成了初步协议。扎白村村委会副主任知道了这件事情，主动找到翟某，通知翟某办理完融资担保之后，及时到发包方即村委会进行备案并上报乡（镇）人民政府。翟某有点疑惑，农村土地经营权的融资担保是承包户自己的事情，有必要向村委会备案吗？

问题剖析：翟某利用5亩土地经营权进行融资担保，需要进行备案并上报乡（镇）人民政府。根据我国《农村土地经营权流转管理办法》第二十一条的规定，农村土地经营权的融资担保，应当办理备案并报告乡（镇）人民政府。案例中的翟某使用其3亩承包地的经营权进行融资担保，需要向发包方即扎白村村委会办理备案，并且还要报告所在地的乡（镇）人民政府农村土地承包管理部门。除了承包方之外，农村土地经营权的受让方利用土地经营权进行融资担保，也需要履行这些法定手续。

法条原文：第二十一条　发包方对承包方流转土地经营权、受让方再流转土地经营权以及承包方、受让方利用土地经营权融资担保的，应当办理备案，并报告乡（镇）人民政府农村土地承包管理部门。

21 乡（镇）人民政府农村土地承包管理部门有义务指导流转合同吗？

典型案例：旧华镇村民张某欲外出打工，他和妻子商量后，准备把承包地转包给同村的亲戚黄某。双方达成了流转意愿和初步协议，随后向旧华镇人民政府农村土地承包管理部门申请正规的流转合同，并且请求相关工作人员指导签订流转合同。但该部门以各种理由拖延搪塞，拒不提供统一文本格式的流转合同，并且不愿意指导双方签订合同。无奈之下，张某和黄某只能在网上找了一份农村土地转包协议，简单修改便进行签约，但协议内容不规范，涉及的相关信息十分有限且存在一些错误。那么，旧华镇人民政府农村土地承包管理部门有义务指导流转合同吗？张某和黄某面临的上述情况应该如何处理？

问题剖析：旧华镇人民政府农村土地承包管理部门有义务提供统一文本格式的流转合同，并且应当指导农村土地流转双方签订合同。如果遇到相关部门工作人员不作为，张某和黄某可以向县级主管部门反映诉求，维护自身合法权利。近年来，随着农村外出打工的农民不断增多，农村土地经营权流转已成为常态，签订统一文本格式的流转合同显得尤为重要。如果不签订流转合同或者不签订规范的流转合同，一旦发生纠纷则会难以有效处理。因此，我国《农村土地经营权流转管理办法》第二十二条规定，乡（镇）人民政府农村土地承包管理部门应当提供并指导签订规范的土地流转合同。案例中的张某和黄某已达成流转协议，旧华镇人民政府农村土地承包管理部门理应依法履行职责。

法条原文：第二十二条　乡（镇）人民政府农村土地承包管理部门应当向达成流转意向的双方提供统一文本格式的流转合同，并指导签订。流

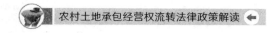

转合同中有违反法律法规的，应当及时予以纠正。

22. 乡（镇）人民政府的农村土地承包管理部门，需要妥善保管农村土地经营权流转的相关材料吗？

典型案例： 谢某是一名非常优秀的大学生，毕业之后成功考上滇东南某镇的公务员，主要参与农村土地承包管理部门的日常工作。经过几个月的入职培训之后，谢某很快进入工作状态，开始协助部门领导整理农村土地经营权流转的有关材料，每天都加班到深夜。面对一堆一堆的档案资料，谢某整天不停地检查、分类归档，忙得手忙脚乱，心里逐渐产生了一些抱怨，他认为农村土地经营权的流转双方已经保存了流转合同，政府没有必要逐项核对归档，即使丢失了也不会有影响，不如直接将这些资料统一放在档案室，有需要的时候再来翻找就可以了。谢某把自己的想法向分管领导马某进行了汇报，却受到了马某的批评。马某告诉谢某，农村土地承包管理部门有责任归档并妥善保管农村土地流转的相关资料，为规范农村土地经营权的流转程序提供保障。马某的说法正确吗？

问题剖析： 马某的说法非常正确。根据我国《农村土地经营权流转管理办法》第二十四条的相关规定，乡（镇）人民政府的农村土地承包管理部门，应当妥善保管农村土地经营权流转的文件、合同等相关材料，不能随意堆积、丢弃或损坏。农村土地经营权流转的相关资料具有重要价值，既是一种书面文书的历史留存，也是在发生纠纷时作为解决纠纷的有效证据，因而需要归档并妥善保管。

法条原文： 第二十四条 乡（镇）人民政府农村土地承包管理部门应当对土地经营权流转有关文件、资料及流转合同等进行归档并妥善保管。

23. 谁来监督、指导农村土地经营权流转市场的运转？

典型案例： 随着国家层面的重视和政策推动，以及各地农村土地流转规模的不断扩大，农村土地经营权流转市场的现实需求日益增长。午泽县积极鼓励辖区各乡（镇）建立农村土地经营权流转市场，规范开展农村土地经营权的流转服务工作。中成镇按照午泽县的规划要求，在该镇某区域建立了农村土地经营权流转市场，并将相关事宜上报午泽县主管部门。经过一段时间的运作之后，中成镇农村土地经营权流转市场虽然取得了一定成绩，但由于远行规则不健全、流程不规范等因素影响，在农村土地经营权流转过程中造成了一些信息不对称、价格不合理等问题，受到该镇群众的大量投诉，因而中成镇政府向午泽县相关主管部门请求指导帮助，但午泽县农业农村主管部门以人手不够为由，对中成镇的请求不予理会，致使中成镇建立的农村土地经营权流转市场发展受阻。那么，午泽县农业农村主管部门的做法是否合适？谁来监督指导农村土地经营权流转市场的有序运转？

问题剖析： 午泽县农业农村主管部门的做法不合适，县级以上农业农村主管部门有责任加强对农村土地经营权流转市场的业务指导。根据我国《农村土地经营权流转管理办法》第二十五条的规定，针对农村土地经营权流转市场，县级以上政府的农业农村主管部门应当加强业务指导，督促其规范开展信息咨询、合同签订、资料管理等服务。案例中的中成镇农村土地经营权流转市场遭遇困难，午泽县农业农村主管部门有义务积极进行业务指导，帮助中成镇农村土地经营权流转市场实现有序运转。

法条原文： 第二十五条　鼓励各地建立土地经营权流转市场或者农村产权交易市场。县级以上地方人民政府农业农村主管（农村经营管理）部门应当加强业务指导，督促其建立健全运行规则，规范开展土地经营权流转政策咨询、信息发布、合同签订、交易鉴证、权益评估、融资担保、档案管理等服务。

24 农村土地经营权的流转合同可以网签吗？

典型案例： 陈某是石轻县某村村民，早些年赶上打工潮，便到广东深圳发展多年，现已在深圳赚了些钱，并创办了一家农业发展公司。近期，陈某听说农村老家的刘某等十几户村民，要将承包的 100 亩土地集中出租，便打电话与刘某等村民商议土地流转事宜。经过一番交流，刘某等村民达成一致意见，同意将 100 亩土地经营权流转给陈某，但是需要陈某本人亲自到场签署合同，并提前缴纳土地租金。如果陈某不能按期回村签订农村土地流转合同，则将这些土地流转给其他人。陈某平时忙于公司业务，近期更是要处理几项重要生意，难以有充足时间返村签署合同。陈某心想，如果农村土地经营权的流转合同可以网签，那就可以解决很多时间问题了。于是，陈某决定联系石轻县人民政府，咨询是否可以通过网签方式流转土地经营权。那么，陈某的想法可以实现吗？农村土地经营权的流转合同可以网签吗？

问题剖析：陈某的想法有可能实现，具体要看石轻县是否建立农村土地流转的网签制度。根据我国《农村土地经营权流转管理办法》第二十六条的规定，县级以上地方人民政府应加快提升农村土地流转的信息化水平，建立健全农村土地流转合同的网签制度。随着我国农村土地流转程序的不断规范，部分地区已然建立了农村土地经营权流转合同的网签制度，提高了农村土地流转效率。案例中的陈某可以联系石轻县人民政府，咨询当地的农村土地流转签约制度，如果已经推行网签方式，则可按照具体规定实行线上签约。否则，陈某只能亲自赶回农村老家签订正式流转合同。

法条原文：第二十六条　县级以上地方人民政府农业农村主管（农村经营管理）部门应当按照统一标准和技术规范建立国家、省、市、县等互联互通的农村土地承包信息应用平台，健全土地经营权流转合同网签制度，提升土地经营权流转规范化、信息化管理水平。

25. 政府会支持工商企业租种农村承包地发展现代农业吗？

典型案例：嘎弄县高某大专毕业之后，一直在外务工，后来经朋友介绍，到一家食用菌生产加工公司上班。经过几年的刻苦学习，高某掌握了一些食用菌种植和加工技术，也看到了食用菌市场的良好发展情景，随即从公司辞职，自己筹措资金创办了一家小型食用菌加工公司，专门从事各类食用菌的收购和加工销售业务。由于高某悉心经营和对品质的保障，这家小型食用菌加工公司的影响力不断扩大，销售市场迅速打开并呈现出需求持续增长的趋势。在食用菌市场需求增长的同时，市场对食用菌原材料的数量和质量也提出了更高要求，但市场供给的食用菌原材料却十分有限。因此，高某打算自己租种一些土地，用于栽培香菇、竹荪、牛肝菌等食用菌，以此缓解原材料供应紧张的问题。恰巧此时，高某听说老家嘎弄县的宁西村由于大量青壮年劳动力外出务工，闲置的土地相对较多，并且通过前期的实地调研和勘察，高某认为当地具备种植这些食用菌的条件。于是，高某准备到嘎弄县咨询具体的农村土地流转流程，但其内心还存在一些顾虑：嘎弄县会允许社会企业来农村租种土地吗？

问题剖析：嘎弄县农业农村主管部门即农业农村局，应当允许并支持社会企业租种农村土地发展现代农业。根据我国《农村土地经营权流转管理办法》第二十八条的规定，县级以上地方人民政府农业农村主管部门，要鼓励和引导工商企业等社会资本发展现代种植业。案例中的高某作为出生于嘎弄县的企业家，创办了食用菌加工公司，希望回老家租种土地发展食用菌，这是有效利用土地资源、推动当地规模化农业种植的重要举措，符合国家法律规定和政策导向，嘎弄县农业农村局应该在严格依法审查的基础之上，积极支持高某的农村土地流转行为，引导高某发展现代种植业。

法条原文：第二十八条　县级以上地方人民政府农业农村主管（农村经营管理）部门应当加强服务，鼓励受让方发展粮食生产；鼓励和引导工商企业等社会资本（包括法人、非法人组织或者自然人等）发展适合企业化经营的现代种养业。

……

26. 未承包到户的农村集体土地，其土地经营权可以流转给工商企业吗？

典型案例：郭某是某所农业大学的高才生，毕业之后回到墨柳县老家，创办了一家果蔬有限公司，主要从事水果蔬菜的批发和零售业务。最近，郭某与公司员工杨某聊天，听说杨某所在的大裕村土地肥沃，但村民们普遍认为务农收益较低，纷纷外出务工，造成村内一些优质土地无人耕种。其中，还有好几块当年未承包到户的集体土地，已经很长时间无人经营，实在可惜。郭某内心很激动，他早就有租种土地种植果蔬的想法，听完杨某的介绍，便打算以公司的名义流转大裕村闲置的几块集体土地。但未承包到户的农村集体土地，工商企业是否可以流转土地经营权呢？如果可以，应该找谁申请流转呢？杨某告诉郭某，大裕村的承包地都是由村委会发包，建议郭某直接找村委会私下商量，双方协商签订农村土地流转合同就可以了。那么，杨某的说法正确吗？未承包到户的农村集体土地，工商企业可以流转土地经营权吗？

问题剖析：杨某的说法不正确。未承包到户的农村集体土地，工商企业可以流转土地经营权，但必须首先征得本集体经济组织成员的同意，继而与该集体经济组织签订流转意向书。根据我国《农村土地经营权流转管理办法》第二十九条的规定，工商企业等社会资本可以流转农村土地经营权，但针对未承包到户的农村集体土地，应当组织本集体的村民会议且取得三分之二以上参会成员同意。如果村民会议组织有困难，可以通过召开村民代表会议讨论，但也必须取得三分之二以上参会成员同意，然后签订流转意向书。案例中的郭某，希望以果蔬有限公司的名义流转未承包到户的农村集体土地，可以联系大裕村村委会了解具体承包事宜，在取得村民同意的前提下，与发包方即大裕村村委会签订流转意向书。当然，郭某的果蔬有限公司必须通过严格的审查审核程序，才能开展农业经营活动。

法条原文：第二十九条　县级以上地方人民政府对工商企业等社会资本流转土地经营权，依法建立分级资格审查和项目审核制度。审查审核的一般程序如下：

（一）受让主体与承包方就流转面积、期限、价款等进行协商并签订流转意向协议书。涉及未承包到户集体土地等集体资源的，应当按照法定程序经本集体经济组织成员的村民会议三分之二以上成员或者三分之二以上村民代表的同意，并与集体经济组织签订流转意向协议书。

……

㉗ 工商企业流转农村土地经营权，需要如何审查呢？

典型案例：某县制药公司想要在银糯村流转部分土地，用于种植中草药三七。于是，这家制药公司联系了银糯村村委会，请村委会帮助协调土地流转的相关工作。经过一段时间的动员，银糯村共有 12 户村民参与此次农村土地流转，出租土地经营权 30 多亩。该制药公司与 12 户村民商议了具体的农村土地流转程序、期限和租金等内容，双方达成一致意见，并签订了农村土地流转意向书。随后，该制药公司便开始准备种植三七，却被银糯村村委会阻止。银糯村村委会主任告诉制药公司负责人，虽然双方签订了农村土地流转意向书，但公司必须按照法律要求进行分级审查审核，提交相关资质或能力的证明。那么，银糯村村委会主任的说法正确吗？该制药公司需要提交哪些审查资料呢？

问题剖析：银糯村村委会主任的说法符合相关规定，该制药公司应当依法提出审查申请并提交相关审查资料。根据我国《农村土地经营权流转管理办法》第二十九条的规定，工商企业等社会资本流转农村土地经营权，需要向乡（镇）或县级以上政府主管部门提出审查申请，并提交意向书、资质或能力证明等资料。案例中的制药公司虽然与 12 户村民签订了农村土地流转意向书，但还需要进行分级审查审核，达到规定的农业经营资质或能力要求。值得注意的是，主管部门的审查审核工作有明确的时间节点，应当于受理之日起 20 个工作日内做出审查审核意见，避免因审查时间过长引发工商企业积极性受挫的不良影响。

法条原文：第二十九条　县级以上地方人民政府对工商企业等社会资本流转土地经营权，依法建立分级资格审查和项目审核制度。审查审核的一般程序如下：

……

（二）受让主体按照分级审查审核规定，分别向乡（镇）人民政府农村土地承包管理部门或者县级以上地方人民政府农业农村主管（农村经营管理）部门提出申请，并提交流转意向协议书、农业经营能力或者资质证明、流转项目规划等相关材料。

（三）县级以上地方人民政府或者乡（镇）人民政府应当依法组织相关职能部门、农村集体经济组织代表、农民代表、专家等就土地用途、受让主体农业经营能力，以及经营项目是否符合粮食生产等产业规划等进行审查审核，并于受理之日起 20 个工作日内做出审查审核意见。

……

㉘ 未经审查，工商企业可以与承包方签订农村土地经营权流转合同吗？

典型案例：孟坡县县城有一家棉花深加工公司，由于制棉技术精湛，又赶上严寒天气，公司产出的衣服、被褥等棉纺织品市场销量极好，但苦于棉花供应量不足，生产出的优质产品十分有限。于是，该公司主要领导人徐某计划在县城附近农村租用一些土地，用来大规模种植棉花，以此保证棉纺产品的原材料稳定供应。时间很快到了春季，徐某联系上了县城周边的景曼村村支书尹某，告知了尹某自己将以公司名义流转土地经营权的意愿，希望得到徐某的支持和帮助。尹某认为这是一件互惠共赢的好事情，便积极动员村里的承包大户集中流转土地，成功助推了徐某与承包大户们达成合作意愿，并签订了农村土地流转意向书。随后，徐某的棉花深加工公司按照相关规定，提出了审查申请并递交了相应资料。然而，由于徐某急于开展棉花种植工作，在等待审查结果期间，徐某准备私自与村里的承包大户提前签订农村土地经营权流转合同，开始进行棉花栽培。不久后，景曼村村委会发现了这件事，及时进行了制止，并明确告诉徐某，工商企业在审查期间，不得开展土地经营权流转活动。那么，景曼村村委会的行为符合规定吗？

问题剖析：景曼村村委会的行为符合规定。在受让主体审查审核期间，工商企业不得开展农村土地经营权的流转活动。根据我国《农村土地经营权流转管理办法》第二十九条的规定，未经审查或审查不通过的工商企业等社会资本，不得开展农村土地经营权流转活动。案例中的徐某准备私自与村里的承包大户提前签订农村土地经营权流转合同，不符合相关法律规章的要求，必须依法按照流程签订流转合同，才能够避免诱发农村土地流转纠纷，保障流转双方的合法权益。

法条原文：第二十九条　县级以上地方人民政府对工商企业等社会资本流转土地经营权，依法建立分级资格审查和项目审核制度。审查审核的一般程序如下：

......

（四）审查审核通过的，受让主体与承包方签订土地经营权流转合同。未按规定提交审查审核申请或者审查审核未通过的，不得开展土地经营权流转活动。

29 如何加强对工商企业流转农村土地经营权的监管呢？

典型案例： 漾旦县田某猿食品公司为拓展业务范围，流转了县内40户村民100多亩坝子土地，用来大规模种植马铃薯。然而，近年来，由于市场不景气，马铃薯制作出来的食品销量不高，田某猿食品公司亏损严重，公司资金链条出现问题，难以支付坝子土地的租金，一直拖欠多年。漾旦县40户村民多次联系田某猿食品公司负责人，催收拖欠的土地租金未果，于是申请漾旦县人民政府参与调解，帮助他们拿回拖欠已久的土地租金。经过漾旦县相关部门的多次协调，终于拿回40户村民的土地租金，但由于缺乏完善的风险防范制度，也未设立农村土地流转的风险保障金，田某猿食品公司并未因拖延租金承担相应的赔偿责任，只不过提前结束了农村土地流转合同。那么，面对流转农村土地经营权的工商企业，政府应该如何加强风险监管呢？

问题剖析： 政府主管部门应当通过完善风险保障金、风险分担、履约保险等风险防范制度，强化监管工商企业等社会资本流转农村土地的全过程。根据我国《农村土地经营权流转管理办法》第三十条的规定，为了保障农村土地承包方的合法权益，降低农村土地经营权的流转风险，县级以上人民政府应当完善风险防范制度，及时查处农村土地流转过程中的违法违规行为。案例中的田某猿食品公司违反合同约定，拖欠40户农民的土地租金，造成了相关农户的经济损失，虽然经漾旦县政府的调解拿回了土地租金，但企业造成的恶劣影响将会在一定程度上影响当地农村土地流转进程。因此，漾旦县相关部门应以此为鉴，完善农村土地流转的风险保障金制度。

法条原文： 第三十条 县级以上地方人民政府依法建立工商企业等社会资本通过流转取得土地经营权的风险防范制度，加强事中事后监管，及时查处纠正违法违规行为。

鼓励承包方和受让方在土地经营权流转市场或者农村产权交易市场公

开交易。

对整村（组）土地经营权流转面积较大、涉及农户较多、经营风险较高的项目，流转双方可以协商设立风险保障金。

鼓励保险机构为土地经营权流转提供流转履约保证保险等多种形式保险服务。

30. 工商企业流转农村土地经营权的过程中，村委会可以收取管理费吗？

典型案例：胡某是一位花卉种植和批发销售的商人，经过多年的打拼，创办了一家花卉种植有限公司，重点栽培玫瑰、菊花等花卉产品。这几年，由于花卉产品需求量的增加，胡某计划流转一些农村土地，扩大花卉种植规模。经过一段时间的调查，胡某发现铁依村有一块 20 多亩的集中连片土地，土壤质量非常适合种植花卉，便打算以公司名义进行租种。通过与农村土地发包方即铁依村村委会以及土地承包户的多次商议，胡某与这 20 亩土地的承包方达成一致协议，签订了农村土地流转意向书，并顺利通过主管部门的审查审核，正式签订了农村土地经营权流转合同。然而，正当胡某准备开展花卉栽培活动之时，铁依村村委会工作人员告知胡某，由于铁依村尚未成立农村集体经济组织，因而由村委会为这次农村土地流转提供大量服务，需要收取适量的管理费，用来购买一些办公用品。胡某虽然有所不解，但为了顺利进行花卉的栽培，就向铁依村村委会支付了少量的管理费用。那么，铁依村村委会有权收取工商企业的管理费吗？

问题剖析：铁依村村委会可以因提供服务收取适量管理费。根据我国《农村土地经营权流转管理办法》第三十一条的规定，工商企业流转农村土地经营权的过程中，农村集体经济组织通过提供服务，可以收取适量管理费，并将其用于农田基本建设或者其他公益性支出。案例中的铁依村，由于尚未成立农村集体经济组织，农村土地发包方即铁依村村委会提供农村土地流转的咨询服务，可以收取适量管理费，但管理费的金额和缴纳方式应由村委会、承包方、工商企业共同商议决定，并且管理费只能按规定使用，不能用于购买办公用品或挪作他用。

法条原文：第三十一条　农村集体经济组织为工商企业等社会资本流转土地经营权提供服务的，可以收取适量管理费用。收取管理费用的金额和方式应当由农村集体经济组织、承包方和工商企业等社会资本三方协商确定。管理费用应当纳入农村集体经济组织会计核算和财务管理，主要用于农田基本建设或者其他公益性支出。

第四部分 农村土地承包经营权的纠纷处理

随着国家层面的重视和政策推动，我国农村土地流转的规模日益扩大，农村土地的财产性收益也逐渐显现，由此引发的农村土地纠纷也越来越多，包括历史遗留问题、土地界限问题、人口增减问题、土地流转问题等，纠纷类型和原因表现出较大的复杂性，一定程度上影响了纠纷各方的利益关系和基层社会的和谐稳定。目前，我国围绕农村土地承包经营权纠纷的解决途径主要包括当事人自行和解、村委会或乡（镇）政府调解、仲裁委员会仲裁以及法院起诉四种方法。本部分的基础知识主要以上述背景为出发点，围绕我国《农村土地承包经营纠纷调解仲裁法》和《最高人民法院关于审理涉及农村土地承包纠纷案件适用法律问题的解释》的相关法律内容，通过"生动形象描述现实问题、采用典型案例反映问题、结合法条剖析问题和法条具体呈现"四个部分，解读重点法律条文，希望可以加深读者对具体法条的理解。

1. 农村承包地因征收补偿发生纠纷，当事人可以申请仲裁吗？

典型案例： 2011 年 5 月，某县政府为了大力发展县域经济，计划在郊区新建产业园区，重点打造特色产业集群。于是，该县政府发布了县城郊区征地公告，拟征收 70 多亩农村集体土地，用于建设产业园区及配套设施，其中乡腊村被纳入征地范围。经过当地政府及村委会的宣传动员，乡腊村涉及的农户基本同意征收，并通过相互协商签订了征收补偿协议。然而，部分村民在拿到征收补偿款之后，认为政府的征收补偿标准过低，要求政府增加补偿款，但多次协商均无效果，甚至发生了一些纠纷冲突。不久之后，这些村民找到了农村土地承包仲裁委员会，请求进行纠纷仲裁。那么，农村土地承包仲裁委员会要受理村民的请求吗？

问题剖析：农村土地承包仲裁委员会不会受理村民的请求。根据我国《农村土地承包经营纠纷调解仲裁法》第二条的规定，农村集体所有的土地因征收发生的纠纷，不属于仲裁范围之内，可以采取行政复议或直接向法院提起诉讼的方式进行解决。案例中的部分村民自愿签订了征收补偿协议，也领取了相应的征收补偿款，如果他们认为征收补偿标准过低，可以通过诉讼方式表达自身诉求，而不能申请仲裁委员会仲裁。农村土地承包仲裁委员受理的农村土地承包经营纠纷有一定的范围限制，不包括征地纠纷类型。

法条原文：《农村土地承包经营纠纷调解仲裁法》第二条　农村土地承包经营纠纷调解和仲裁，适用本法。

……

因征收集体所有的土地及其补偿发生的纠纷，不属于农村土地承包仲裁委员会的受理范围，可以通过行政复议或者诉讼等方式解决。

❷农村土地承包经营权的相关纠纷，可以采取哪些方式进行解决？

典型案例：门坝村村民韩某，长期在家务农，但由于承包地的面积较小，务农收益一直不高，平常还需要到附近的木材厂打零工，以此来补贴家用。前不久，韩某通过转包的方式，流转了同村村民蒋某的5亩土地，用于种植大棚蔬菜并进行销售。韩某与蒋某签订了土地流转合同，约定转包期限为6年，每年转包费2 000元，韩某一次性付清蒋某6年的土地转包费 12 000 元。完成农村土地流转手续之后，韩某便开始种植大棚蔬菜。由于韩某辛勤劳作，将土地和大棚打理得井井有条，不到 3 年的时间，韩某的大棚蔬菜产量越来越好，销量和价格也很可观，韩某因此获得了大量收入。蒋某发现韩某取得如此好的效益，便想终止双方的流转合同，自己种植蔬菜销售。韩某自然是不同意，双方多次协商未果，陷入了持续的纠纷之中。最后，蒋某单方面终止了农村土地流转合同，并将剩余转包费退还给韩某。那么，作为农村土地经营权的受让方，韩某可以采取哪些方式解决纠纷呢？

问题剖析：蒋某无权单方面终止农村土地流转合同，韩某可以采取协商和解、村委会或乡（镇）政府调解、仲裁委员会仲裁以及法院起诉等四种方法解决纠纷。根据我国《农村土地承包经营纠纷调解仲裁法》的相关规定，农村土地承包经营纠纷的当事人可以选择和解、调解方式进行解决，如果上述方式都不能奏效，或者纠纷当事人不愿调解，可以请求专门的农村土地仲裁机构进行裁决，也有权直接到法院进行诉讼。案例中的蒋某贪图私利，违背农村土地流转合同的约定甚至单方面终止合同，严重损害了韩某的合法利益，韩某多次与蒋某协商未果，可以申请门坝村村委会或乡（镇）政府参与调解，也可以向农村土地承包仲裁委员会申请仲裁或直接向人民法院起诉。

法条原文：《农村土地承包经营纠纷调解仲裁法》第三条　发生农村土地承包经营纠纷的，当事人可以自行和解，也可以请求村民委员会、乡（镇）人民政府等调解。

第四条　当事人和解、调解不成或者不愿和解、调解的，可以向农村土地承包仲裁委员会申请仲裁，也可以直接向人民法院起诉。

❸ 法院会受理农村土地经营权的流转纠纷案件吗？

典型案例：五苔村村名姚某，在农村土地承包期，承包了村里的 6 亩土地，用于种植玉米、甘蔗等作物。近年来，姚某的儿子大学毕业，在县城找了一份好工作，便想接姚某到县城一起居住。姚某抵不住儿子的劝说，近期准备搬到县城，于是把 6 亩承包地的土地经营权流转给了同村村民曾某，用于培育姬松茸。双方签订了农村土地流转合同，约定转包费为每年每亩 300 元，流转期限 10 年。在姚某流转土地的第 5 年，五苫村因周边地区开发而引发村内土地租金增长，很多流转土地的农户开始提高土地流转租金，姚某虽然长期在县城居住，但也知道了这些消息，准备和曾某商议提高土地租金的事情。两人讨论了几次，一直没有达成一致意见，姚某要求每年每亩土地转包费为 500 元，否则就要收回土地经营权。而曾某认为合同中并未约定要增加租金，况且土地流转的期限还未到，姚某无权单方面收回土地经营权，但考虑到土地价值的提升，只愿每年每亩支付350 元。双方争论不休，最后，姚某单方面终止了流转合同，并让曾某限期处理完地上的农作物。曾某请村委会进行调解，但都没有效果，于是准备通过诉讼的方式维护自身合法权益。那么，关于此类农村土地经营权流转纠纷，法院会受理吗？

问题剖析： 上述农村土地经营权流转纠纷属于法院受理范围，法院应当受理。根据我国《最高人民法院关于审理涉及农村土地承包纠纷案件适用法律问题的解释》第一条的规定，法院应当受理农村土地承包经营权侵权、流转、继承及合同争议等类型纠纷。案例中的姚某与曾某签订了农村土地流转合同，但随着五苫村农村土地价值的上涨，姚某在提高土地转包费未果的情况下，单方面终止合同引发了农村土地流转纠纷，造成了曾某的农业经营损失，这是典型的法院受理案件之一，法院应当受理。

法条原文：《最高人民法院关于审理涉及农村土地承包纠纷案件适用法律问题的解释》第一条　下列涉及农村土地承包民事纠纷，人民法院应当依法受理：

（一）承包合同纠纷；

（二）承包经营权侵权纠纷；

（三）承包经营权流转纠纷；

（四）承包地征收补偿费用分配纠纷；

（五）承包经营权继承纠纷。

……

4 乡（镇）人民政府可以随意拒绝农村土地流转纠纷的调解申请吗？

典型案例： 2012 年，平所镇村民薛某承包了村里 20 亩荒山，用于种植甘蔗。薛某与村委会签订了正式的承包合同，约定承包期限为 15 年，薛某每年每亩需缴纳承包费 400 元。薛某取得荒山承包经营权之后，便开始种植甘蔗。由于薛某悉心耕种，甘蔗的产量很高。在承包荒山的第 5 年，薛某接手了县城里的一家百货超市，他和妻子便搬到县城居住，主要精力都用来经营超市，闲暇时间才能够回老家照料甘蔗地，时间一长，甘蔗地里杂草丛生，甘蔗产量也是一年不如一年。2018 年 12 月，薛某以每年每亩 500 元的价格，将自己承包的 20 亩荒山流转给同村村民于某，用于继续种植甘蔗，流转期限为剩余承包期。后来，薛某所在的村委会得知此事，认为荒山属于农村集体经济组织所有，薛某无权将其流转给于某谋取私利，于是强行终止承包合同，收回 20 亩荒山的承包经营权。薛某多次与村委会协商未果，随而向平所镇人民政府申请调解纠纷，但平所镇主管部门一直以各种理由敷衍推脱，拒绝参与纠纷调解工作。那么，平所镇主管部门的做法合适吗？平所镇主管部门可以拒绝农村土地流转纠纷的调解申请吗？

问题剖析： 平所镇主管部门的做法不合适，平所镇主管部门有责任帮助农村土地纠纷的当事人解决纠纷。根据《农村土地承包经营纠纷调解仲裁法》第七条的规定，村民委员会或乡（镇）人民政府应当加强农村土地承包经营纠纷的调解，帮助纠纷当事人妥善解决纠纷。案例中的薛某与村委会发生纠纷，有权向平所镇人民政府申请调解纠纷，平所镇相关主管部门理应积极组织参与纠纷调解工作，不应敷衍拖延，这会极大地降低政府公信力。如果平所镇相关部门依然不作为，薛某可以向上级主管部门反映诉求，也可以直接申请仲裁或到法院诉讼。

法条原文：《农村土地承包经营纠纷调解仲裁法》第七条　村民委员会、乡（镇）人民政府应当加强农村土地承包经营纠纷的调解工作，帮助当事人达成协议解决纠纷。

⑤农村土地承包经营的纠纷调解，必须要当事人书面申请吗？

典型案例：建俪村是一个高寒山区农村，平整土地相对较少，农业生产的分散化、小规模问题较为严重。前几年，建俪村按照当地政府的统一规划，将村西边郑家山下的整片山地全部推平，用来发展规模种植业。涉及的农户，按其原有的山地承包面积重新划分。然而，由于山地推平后的土地界限不清晰，且缺乏有效的土地面积记录，部分相邻村民之间的承包地面积出现争议。其中，建俪村村民黄某和李某的纠纷争议最大，黄某指出李某侵占其 0.93 亩土地，应及时予以归还，但李某却认为自家农村承包地的划分并无错误。黄某和李某自行商议多次，都没有达成一致意见，于是黄某口头请求建俪村村委会进行调解，帮助解决两人的土地纠纷。建俪村村委会工作人员告诉黄某，申请调解农村土地承包经营纠纷，必须要提交书面申请书，否则不接受调解申请。黄某由于读书较少，不知道如何来写调解申请书，感觉有些无奈。那么，农村土地承包经营的纠纷调解，必须要提交书面申请吗？

问题剖析：农村土地承包经营的纠纷调解，可以书面申请，也可以口头申请。根据我国《农村土地承包经营纠纷调解仲裁法》第八条的规定，农村土地承包经营纠纷的当事人可以通过书面或口头方式，申请村委会调解纠纷，采取口头方式的申请，应当由村委会工作人员现场记录纠纷相关事项。在案例中，建俪村村委会工作人员的说法错误，黄某和李某因承包地划分产生纠纷，两人自行协商无果，随而口头请求建俪村村委会进行调解，村委会工作人员应该及时记录好纠纷事件的相关信息，而不应以缺乏书面申请书为由，拒绝接受调解申请。

法条原文：《农村土地承包经营纠纷调解仲裁法》第八条　当事人申请农村土地承包经营纠纷调解可以书面申请，也可以口头申请。口头申请的，由村民委员会或者乡（镇）人民政府当场记录申请人的基本情况、申请调解的纠纷事项、理由和时间。

⑥ 农村土地流转纠纷的调解协议，当事人必须要同意签字吗？

典型案例：泸乐村村民魏某，在农村土地承包时期，依法承包了村里的 3 亩土地，用来种植油菜、棉花等经济作物。近年来，魏某为增加家庭收入，通过转包的方式流转了同村戴某的 7 亩土地，用于种植草果和核桃。由于魏某和戴某私下关系较好，双方并未签订正式的农村土地流转合同，只是达成了口头协议，约定转包期为 10 年，按照每年每亩 500 元的标准缴纳转包费。魏某取得土地经营权之后，每天都在田间精心管护，所种植的经济作物长势良好，且草果、核桃已有少量收入。在转包期的第 4 年，正当魏某全家看好这块土地的收获之时，戴某联系魏某，希望收回 7 亩土地的经营权，由自己耕种。魏某非常生气，他认为双方已经达成口头协议，约定转包期为 10 年，况且自己种植的这些经济作物后期能获得不少收入，不同意退回土地经营权。于是，戴某通过书面申请形式，请求泸乐村村委会进行纠纷调解。泸乐村村两委成员及若干村民代表组织了一次现场调解会，调解人员听完戴某的陈述之后，并未认真了解魏某的理由，便认为戴某与魏某之间的土地流转程序不规范，口头协议的内容无法证明，同意戴某收回土地经营权，但要根据魏某种植的经济作物损失进行相应补偿。随后，泸乐村调解人员制作了调解协议书，要求魏某和戴某必须签字确认。魏某认为调解会并未充分了解事实，不认可这份调解协议书，拒绝签字。那么，农村土地流转纠纷的调解协议，当事人必须要同意签字吗？

问题剖析： 如果纠纷当事人不同意调解结果，不需要在调解协议上签字。根据我国《农村土地承包经营纠纷调解仲裁法》的相关规定，农村土地流转纠纷的调解过程中，村委会应当充分听取当事人的陈述，并依据事实帮助纠纷双方达成协议。案例中的魏某通过口头协议方式，流转戴某的7亩土地，并约定转包期为10年。虽然魏某与戴某的流转程序不规范，但农村土地流转的行为已成事实。泸乐村调解人员并未认真了解魏某陈述的理由，所得出的调解结果也必然难以获得当事人的认可。魏某不认可调节会的调解协议书，可以继续向所在地的乡（镇）人民政府申请调解，也可以直接申请仲裁或到法院提起诉讼。

法条原文：《农村土地承包经营纠纷调解仲裁法》第九条　调解农村土地承包经营纠纷，村民委员会或者乡（镇）人民政府应当充分听取当事人对事实和理由的陈述，讲解有关法律以及国家政策，耐心疏导，帮助当事人达成协议。

❼ 仲裁庭的调解书签收之前，农村土地流转纠纷的当事人可以反悔吗？

典型案例： 盘阿村村民宋某承包了村里的10亩土地，用于种植苹果和桃子等果树，经济收益也算不错。2015年以来，盘阿村积极响应国家政策和上级政府的要求，吸引工商企业等社会资本下乡租种土地，集中发展规模化种养业。宋某在家种植了十几年的果树，早就心生厌倦，在工商企业大规模流转土地的背景之下，他准备将承包的10亩土地经营权进行流转，自己去大城市打工。由于村委会的积极协调，宋某很快与梁某的栗河农业发展公司达成土地流转协议，双方签订了正式的农村土地流转合同，约定流转期限为8年，每年租金共计6 000元且在每年年底缴清。栗河农业发展公司流转土地的第3年，由于公司经营情况不佳，便一直拖欠宋某的土地租金。宋某多次联系梁某索要资金，但梁某均以各种理由推脱。无奈之下，宋某向当地的农村土地承包仲裁委员会申请仲裁。仲裁庭在裁决之前，按例进行纠纷调解，通过仲裁庭的调解，宋某和梁某达成了调解协议，梁某同意支付拖延的土地租金，并继续经营这10亩土地。然而，就在签收调解书之前，宋某认为继续将土地租给梁某，可能还会遇到类似的麻烦，于是反悔协议，拒绝签收。那么，仲裁庭的调解书签收之前，农村土地流转纠纷的当事人可以反悔吗？

问题剖析：仲裁庭的调解书签收之前，农村土地流转纠纷的当事人可以反悔。根据我国《农村土地承包经营纠纷调解仲裁法》第十一条的规定，仲裁庭依法进行农村土地承包经营纠纷的调解，并为达成调解协议的当事人制作调解书，在调解书签收之前，如果纠纷当事人反悔，仲裁庭应及时作出裁决。近年来，随着工商企业等社会资本参与农村土地流转，带动农村产业规模化发展的同时，也引发了一些矛盾纠纷，案例中的宋某与栗河农业发展公司的土地租金矛盾就属于代表类型。宋某虽然申请了纠纷仲裁，并且与梁某的栗河农业发展公司达成调解协议，但并未签收调解书，因而宋某可以反悔协议，等待仲裁庭的裁决结果。

法条原文：《农村土地承包经营纠纷调解仲裁法》第十一条 仲裁庭对农村土地承包经营纠纷应当进行调解。调解达成协议的，仲裁庭应当制作调解书；调解不成的，应当及时作出裁决。

……

调解书经双方当事人签收后，即发生法律效力。在调解书签收前当事人反悔的，仲裁庭应当及时作出裁决。

🄱 申请农村土地承包经营纠纷仲裁，应具备哪些条件呢？

典型案例：藏珠村何某承包了村里的4亩水田，一直用于种植水稻。何某与沈某的水田紧挨在一起，但由于历史界限不清晰，两人时常会因占地问题产生矛盾。前段时间，何某在水稻的施肥过程中，发现自己制作的分界标志不知所踪，再一看水田的实际范围，似乎少了很大一块面积。经过一段时间的调查，何某发现沈某私自篡改水田界线，扩充承包地的面积。何某多次与沈某交涉，要求沈某恢复水田边界原状，归还侵占的农村承包地，但都没有实质性的进展。何某认为自己蒙受了损失，准备到当地的农村土地承包仲裁委员会申请仲裁，请求归还被侵占的承包地，但不知道自己是否符合申请仲裁的条件，随而犹豫不决。那么，申请农村土地承包经营纠纷仲裁，应具备哪些条件呢？

问题剖析：根据我国《农村土地承包经营纠纷调解仲裁法》第二十条的规定，申请农村土地承包经营纠纷仲裁，应具备四项条件，即申请人与纠纷有利害关系、有明确的被申请人、具体的仲裁请求以及符合受理范围。在案例中，何某承包的4亩水田有明确的分界标志，因沈某私自篡改水田界线而发生纠纷，于是通过仲裁请求归还被侵占的承包地。何某属于纠纷当事人，沈某是被申请人，具体请求是归还被侵占的承包地，符合仲裁的受理范围。因此，何某可以申请农村土地承包仲裁委员会进行仲裁。

法条原文：《农村土地承包经营纠纷调解仲裁法》第二十条　申请农村土地承包经营纠纷仲裁应当符合下列条件：

（一）申请人与纠纷有直接的利害关系；

（二）有明确的被申请人；

（三）有具体的仲裁请求和事实、理由；

（四）属于农村土地承包仲裁委员会的受理范围。

❾ 法院已受理的农村土地经营权流转纠纷，当事人可以同时申请仲裁吗？

典型案例：景芒村村民汪某长期在家务农，主要依靠种植甘蔗和养猪获取经济收入。近年来，随着景芒村大量村民外出务工，部分承包地闲置出来。看到村民们的生活越来越好，汪某也想增加家庭经济收入，于是准备转包一些闲置土地，扩大农业种植的规模。经过一段时间的了解，汪某发现景芒村有10亩尚未承包到户的集体土地依然闲置，随而找到村委会商议土地流转事宜，最终双方达成一致意见，签订了正式的农村土地流转合同，约定每年总共缴纳 3 000 元租金，流转期限为 15 年。汪某获得这10 亩土地经营权之后，随即开始种植油菜、香料等经济作物。然而，刚到流转期限的第 5 年，景芒村迎来村委会换届选举，新一届村干部认为，汪某每年缴纳的 3 000 元土地租金太低，要求增加到每年 5 000 元，否则将会终止农村土地流转合同，收回土地经营权。汪某觉得当初签订的合同早有约定，每年总共缴纳 3 000 元租金，村委会无权单方面提升土地租金，拒绝了村委会的要求。不久之后，景芒村村委会通知汪某，村委会已经终止合同，要求汪某限期处理好土地上的经济作物。汪某虽然无奈，但也没有放弃维护自身权益。他听朋友说过，可以通过申请仲裁或者诉讼的方式进行维权。于是，汪某向当地法院提起诉讼，也很快接到了法院受理的通知。但汪某为了提高纠纷案件的重视程度，决定再向农村土地承包仲裁委员会申请仲裁。那么，农村土地承包仲裁委员会会受理汪某的申请吗？

问题剖析：农村土地承包仲裁委员会不会受理汪某的仲裁申请。根据我国《农村土地承包经营纠纷调解仲裁法》第二十二条的规定，人民法院已经受理的纠纷案件，农村土地承包仲裁委员会不再受理，即使已受理也要终止仲裁程序。案例中的汪某与景芒村村委会之间，因农村土地经营权流转发生纠纷，汪某可以通过申请仲裁或向法院提起诉讼等方式解决纠纷，但在法院已经受理案件的情况下，不可以同时申请仲裁。

法条原文：《农村土地承包经营纠纷调解仲裁法》第二十二条 农村土地承包仲裁委员会应当对仲裁申请予以审查，认为符合本法第二十条规定的，应当受理。有下列情形之一的，不予受理；已受理的，终止仲裁程序：

......

（二）人民法院已受理该纠纷；

......

⑩ 农村土地经营权流转纠纷的当事人，可以申请财产和证据保全吗？

典型案例： 洱茅村为解决农村承包地零星分散、规模弱小、收益偏低等现实困难，积极鼓励村民成立农村土地流转合作社，集中流转土地发展规模经营，农户可以依据流转的土地面积享有土地租金以及合作社的收益分红。在此背景之下，洱茅村村民孔某成立了农业种植专业合作社，流转村内 200 亩的土地经营权，用于种植玉米、水稻等粮食作物。由于孔某的悉心经营，农业种植专业合作社每年运营情况良好，年底还能有一些盈余利润用来分红。近几年，洱茅村迎来了工商企业下乡租地的浪潮，很多工商企业到洱茅村租用农地发展农业产业，支付的土地租金还非常高。孔某看到这种情形，便打算将合作社的 200 亩土地经营权流转给工商企业。不久之后，孔某与当地的一家农笙生态产业公司达成了合作意向，签订了农村土地经营权流转合同，将合作社的 200 亩土地经营权流转给农笙生态产业公司，用于发展绿色有机蔬菜。合同约定农村土地流转租金为每年每亩500 元，租金按年结算，流转期限为 5 年。农笙生态产业公司获得土地经营权之后，并未按照合同约定种植绿色有机蔬菜，而是大规模种植了中草药重楼，并且自流转土地经营权的第 2 年开始，一直未向合作社支付土地租金。孔某多次联系农笙生态产业公司法定代表人张某，要求张某支付土地租金并退回土地经营权，张某均不予理睬。无奈之下，孔某准备到当地农村土地承包仲裁委员会申请仲裁。这时，洱茅村村委会主任提醒孔某，农笙生态产业公司态度恶劣，为防止该公司不执行裁决或破坏证据，建议孔某在仲裁申请受理之后，及时申请财产和证据保全。孔某心想，法院才有权限进行财产和证据保全，难道仲裁委员会也可以这样做吗？那么，仲裁申请受理之后，孔某可以申请财产和证据保全吗？

问题剖析： 仲裁申请受理之后，孔某可以申请财产和证据保全。根据我国《农村土地承包经营纠纷调解仲裁法》的相关规定，农村土地承包经营纠纷的当事人在仲裁申请受理之后，可以申请财产和证据保全，由农村土地承包仲裁委员会将财产保全申请提交到被申请人居住地或财产所在地的基层法院，证据保全申请提交到证据所在地的基层法院。案例中的孔某将合作社 200 亩土地经营权流转给农垦生态产业公司，用于发展绿色有机蔬菜，但该公司擅自改变土地用途且一直拖欠合作社土地租金，属于明显的违约行为，孔某有权申请仲裁。同时，为防止该公司不执行裁决或破坏证据，在仲裁申请受理之后，孔某可以申请财产和证据保全。虽然农村土地承包仲裁委员会无权直接进行保全，但可以将保全申请提交到相应的基层法院。值得注意的是，如果财产保全申请有错误，申请人需要赔偿由此造成的相应损失。

法条原文：《农村土地承包经营纠纷调解仲裁法》第二十六条　一方当事人因另一方当事人的行为或者其他原因，可能使裁决不能执行或者难以执行的，可以申请财产保全。

当事人申请财产保全的，农村土地承包仲裁委员会应当将当事人的申请提交被申请人住所地或者财产所在地的基层人民法院。

申请有错误的，申请人应当赔偿被申请人因财产保全所遭受的损失。

《农村土地承包经营纠纷调解仲裁法》第四十一条　在证据可能灭失或者以后难以取得的情况下，当事人可以申请证据保全。当事人申请证据保全的，农村土地承包仲裁委员会应当将当事人的申请提交证据所在地的基层人民法院。

⓫ 农村土地经营权流转纠纷的当事人，可以申请仲裁员回避吗？

典型案例：卡统村村民白某，在农村土地承包时期，承包了村里的 5 亩旱地，用于种植马铃薯。一直以来，白某常年在外做生意，家庭承包的土地主要由父母种植，后来父亲因病去世，母亲身体也不太好，难以继续经营承包地。于是，白某与同村村民邓某达成了土地流转意向，将 5 亩旱地转包给邓某。双方签订了农村土地转包合同，约定流转期限为10年，转包费每年1 500元，转包费一次性付清，土地用途主要为种植农作物。签订合同之后，白某便继续外出做生意，不再过问这5亩旱地的经营情况。邓某获得土地经营权之后，开始种植芒果、火龙果等果树，但由于缺乏种植技术和经验，邓某的果园损失严重，邓某也因此丧失了继续种植的信心，决定和同乡一起外出务工，转包的5亩旱地逐渐闲置。3年后，白某听说了土地抛荒闲置的事情，感到非常可惜和生气，他多次联系邓某，请邓某有效利用土地，否则将会收回土地经营权。然而，邓某认为自己已经付清土地转包费，有权自主决定土地经营方式，即使闲置土地，白某也无权干涉和收回土地经营权，随而拒绝了白某的要求。无奈之下，白某到当地农村土地承包仲裁委员会提交了仲裁申请，但就在仲裁庭首次开庭的前一天，白某看到邓某与仲裁员私下会面，不知聊了什么内容。于是，白某非常担心这名仲裁员会影响仲裁庭的公正性，他该如何做呢？白某可以申请这名仲裁员回避吗？

问题剖析： 白某可以申请这名仲裁员回避。根据我国《农村土地承包经营纠纷调解仲裁法》第二十八条的规定，仲裁员私下会见一方当事人，另一方当事人有权申请仲裁员回避。案例中的仲裁员与纠纷当事人邓某私下会面，有违仲裁员的法定职责，另一方当事人白某可以在首次开庭前，申请这名仲裁员回避并说明回避理由。农村土地承包仲裁委员会应及时处理回避申请，并通过口头或书面形式通知当事人。当然，白某在依法维护自身权利的同时，也不用过于紧张，毕竟邓某已经连续三年抛荒闲置土地，按照我国《农村土地经营权流转管理办法》的有关规定，在这种情况下，承包方有权单方解除农村土地经营权流转合同。

法条原文：《农村土地承包经营纠纷调解仲裁法》第二十八条 仲裁员有下列情形之一的，必须回避，当事人也有权以口头或者书面方式申请其回避：

（一）是本案当事人或者当事人、代理人的近亲属；

（二）与本案有利害关系；

（三）与本案当事人、代理人有其他关系，可能影响公正仲裁；

（四）私自会见当事人、代理人，或者接受当事人、代理人的请客送礼。

当事人提出回避申请，应当说明理由，在首次开庭前提出。回避事由在首次开庭后知道的，可以在最后一次开庭终结前提出。

⑫ 被申请人经书面通知，却无故不出席开庭，仲裁庭可以作出裁决吗？

典型案例： 杞况村村民杜某和潘某两家承包的水田相邻，水田之间的田埂十分狭窄。为了便于开展水田耕作，两家商议在相邻水田之间各留出 0.2 亩土地，由两家人共同使用。一直以来，杜某和潘某在共用土地上协商使用，并未发生矛盾纠纷。几年后，杜某夫妻俩因到省城暂代亲戚照看店铺，需要离家半年多时间，便请潘某在耕作之余，帮忙留意水田农作物的生长情况，潘某也表示同意。半年之后，杜某回到老家杞况村，前往水田走访查看，发现自己与潘某共用的 0.4 亩土地已无界限，全部被潘某并入自家水田进行耕种。杜某本想感激潘某这半年来的帮助，但看着此种情况，心生不悦，随即找到潘某讨要说法。潘某倒也没有狡辩，承认自己临时占用了共用土地，扩大了自家水田面积，口头承诺第二年就归还杜某的 0.2 亩土地，但却一直没有归还。后来，杜某多次要求潘某归还 0.2 亩土地，潘某均不回应。于是，杜某申请了农村土地仲裁。农村土地承包仲裁委员受理了杜某的申请，并提前将仲裁庭的开庭时间、地点等信息书面通知了纠纷当事人。然而，开庭当天，潘某却无故缺席，没有出庭参加审理。那么，在这种情况下，仲裁庭还可以继续裁决吗？

问题剖析： 被申请人潘某无故缺席，仲裁庭依然可以进行缺席裁决。根据我国《农村土地承包经营纠纷调解仲裁法》第三十五条的规定，被申请人经书面通知，无正当理由不参与开庭，仲裁庭可以进行缺席裁决。案例中的农村土地承包仲裁委员会，已书面通知申请人及被申请人开庭信息，被申请人潘某无故缺席，仲裁庭依然可以依据掌握的事实和证据，进行缺席裁决。

法条原文：《农村土地承包经营纠纷调解仲裁法》第三十五条　申请人经书面通知，无正当理由不到庭或者未经仲裁庭许可中途退庭的，可以视为撤回仲裁申请。

被申请人经书面通知，无正当理由不到庭或者未经仲裁庭许可中途退庭的，可以缺席裁决。

⑬ 农村土地承包经营纠纷的仲裁时限是多久呢？

典型案例：仓永村村民陈某长期在家务农，其收入主要来源于果树种植和销售。2015 年 2 月，陈某听说邻村村民罗某要出租承包的 5 亩土地，便找到罗某商量相关事项，打算将 5 亩土地流转过来扩大果树种植规模。经过几次商议，陈某和罗某达成了一致意见，签订了农村土地流转合同。合同约定土地流转期限为 15 年，前 10 年租金为每年每亩 400 元，后 5 年租金每年每亩增加 100 元。陈某签完合同之后，便购买了各种树苗准备开始种植。正当此时，罗某的大哥罗某邦告诉陈某，这 5 亩土地两兄弟各占一半，罗某隐瞒自己私自出租土地，自己并不知情，也未曾收到任何土地租金，要求陈某停止种植果树，归还土地经营权。双方僵持不下，申请村委会参与调解也没有达成协议。于是，陈某向农村土地承包纠纷仲裁委员会提出仲裁申请。虽然陈某申请了仲裁，也收到了仲裁受理通知，但他依然十分忧虑，因为这个季节恰巧是春季果树发芽的关键时期，如果仲裁时间耽搁过长，不仅购买的树苗难以存活，也会错过种植的最佳时机。那么，农村土地承包经营纠纷的仲裁时限是多久呢？

问题剖析：根据我国《农村土地承包经营纠纷调解仲裁法》第四十七条的规定，正常情况之下，农村土地承包经营纠纷的仲裁时限应当自受理仲裁申请之日起六十日内结束，特殊复杂案情经批准可适当延长，但延长期限不超过三十日。案例中的陈某与罗某两兄弟因土地流转引发纠纷，陈某可以依法申请仲裁以期实现自身诉求，但农村土地承包经营纠纷仲裁时限相对较长，如遇复杂案情还有可能延长时限，故而很有可能会耽误果树种植的最佳时期。其实，陈某可以考虑撤回仲裁申请，通过请求当地基层政府帮助调解，尽快达成调解协议，减少由此带来的经济损失。

法条原文：《农村土地承包经营纠纷调解仲裁法》第四十七条　仲裁农村土地承包经营纠纷，应当自受理仲裁申请之日起六十日内结束；案情复杂需要延长的，经农村土地承包仲裁委员会主任批准可以延长，并书面通知当事人，但延长期限不得超过三十日。

⑭ 农村土地流转纠纷的当事人不服仲裁裁决，可以向法院起诉吗？

典型案例：集洋村是一个异地扶贫搬迁新村，大部分村民都已经从山上搬到坝子居住，但还有少数村民不愿离开，仍然留在山上生活。由于集洋村与搬迁前的寨子相距较远，村民们难以继续耕种原先分配的承包地，随而纷纷转包给留在老寨的村民。闫某恒就是留守老寨的村民之一，长期在家务农，其收入主要来源于种植甘蔗和养殖山羊。随着老寨闲置土地越来越多，闫某恒便想转包一些土地，用来养殖山羊。经过一番商议，闫某恒与闫某吉达成一致意见，闫某恒转包闫某吉老房子旁边的 2 亩旱地，借助老房子的残留围墙圈起来养殖山羊。闫某恒和闫某吉签订了农村土地流转协议，约定土地转包期为 3 年，每年转包费 1 000 元，闫某恒提前支付 3 年转包费。然而，闫某恒转包土地刚过半年，闫某吉老房子围墙倒塌，给养殖山羊带来了不便，于是闫某恒不再打算继续转包这 2 亩土地。闫某恒多次联系闫某吉，要求终止农村土地流转合同，并请闫某吉退还两年半的转包费。闫某吉认为双方已经签订合同，不同意闫某吉的要求。闫某恒随即向农村土地承包纠纷仲裁委员会提出仲裁申请，经过事实调查和证据研判，仲裁庭作出裁决并制作裁决书。闫某吉收到裁决书之后，对裁决结果表示不满，还可以向法院起诉吗？

问题剖析：闫某吉不服仲裁庭的裁决结果，可以向法院起诉。根据我国《农村土地承包经营纠纷调解仲裁法》第四十八条的规定，农村土地承包经营纠纷的当事人不服仲裁裁决，可以自收到裁决书之日起三十日内向法院起诉。案例中的闫某恒和闫某吉因农村土地流转发生纠纷，纠纷当事人有权申请仲裁。闫某吉对仲裁庭裁决结果不满，可以依法向法院起诉，但必须在收到裁决书之日起三十日内提起诉讼，否则超过诉讼时效，裁决书则发生法律效力。

法条原文：《农村土地承包经营纠纷调解仲裁法》第四十八条　当事人不服仲裁裁决的，可以自收到裁决书之日起三十日内向人民法院起诉。逾期不起诉的，裁决书即发生法律效力。

⓯ 农村土地经营权流转纠纷的一方当事人，逾期不履行发生法律效力的裁决书，另一方当事人应该如何处理？

典型案例：凤基村村民杨某，长期在家种植姜蒜，经济收入还算可以。近年来，随着姜蒜市场需求量的增长，姜蒜价格逐步攀高，促使杨某计划转包一些农村土地扩大姜蒜种植面积。他听说常年在外务工的同村村民段某，有意向出租4亩土地经营权，于是找到段某进行商议，最终双方签订了5年的土地转包协议，每年转包费1 200元。通过杨某的辛勤付出和精心经营，这4亩土地的土壤质量得到较大改善，姜蒜产量和质量都很不错。三年之后，段某从外地务工返家，由于年纪较大，在城市很难找到较好的工作，便打算回村种地。段某得知杨某这几年将自家承包地经营得很好，随即与杨某商量收回这4亩土地经营权，但遭到了杨某的拒绝。于是，段某单方面终止农村土地流转合同，强行收回土地经营权。杨某一气之下，向当地农村土地承包仲裁委员会提交了仲裁申请。仲裁庭依据国家政策及事实证据作出裁决，裁定段某违反合同规定，需要按照裁决书列出的测算标准，补偿因违约造成的全部损失，限期30日。杨某和段某收到裁决书之后，均未向人民法院起诉。然而，直到3个月以后，杨某也没有收到段某的补偿金。那么，杨某应该如何办呢？

问题剖析： 杨某可以联系段某，要求他按照裁决书补偿自己的损失。如果段某拒绝履行裁决书，杨某可以申请基层法院执行。根据我国《农村土地承包经营纠纷调解仲裁法》第四十九的规定，农村土地经营权流转纠纷的一方当事人，逾期不履行发生法律效力的裁决书，另一方当事人可以向被申请人所在的基层人民法院申请执行。案例中的杨某和段某收到裁决书之后，在规定的时间内均未向人民法院起诉，表明裁决书已经发生法律效力。段某没有在限期 30 日内履行裁决书，杨某可以向凤基村所在地的基层法院申请执行。

法条原文：《农村土地承包经营纠纷调解仲裁法》第四十九条　当事人对发生法律效力的调解书、裁决书，应当依照规定的期限履行。一方当事人逾期不履行的，另一方当事人可以向被申请人住所地或者财产所在地的基层人民法院申请执行。受理申请的人民法院应当依法执行。

16. 农村土地承包方擅自改变土地农业用途，需要承担赔偿责任吗？

典型案例： 勐水村村民江某，在农村土地承包时期，承包了村里的 3 亩耕地，一直用来种植苞谷。然而，从去年开始，江某由于在村子周边打零工，疏于管理苞谷，导致部分苞谷发生病虫害，苞谷产量严重下滑。于是，江某决定不再种植苞谷，并打算将 3 亩耕地闲置一段时间，以便有充足精力在外务工。然而，刚出去务工半年多的时间，江某的父亲就因病去世，江某回村料理完父亲的丧事，不愿意将父亲骨灰安放在公墓，但私自在承包的耕地上建坟安葬。没过多久，勐水村村委会发现了这件事情，要求江某立即停止施工，恢复耕地原状，并且根据耕地的受损程度进行相应赔偿。在村委会及村民的压力之下，江某停止了坟地施工，但不同意赔偿耕地损失。为了避免和防范部分村民私自改变农村土地农业用途的行为，警示一些观望的村民，勐水村村委会将江某告上了法庭，要求江某赔偿耕地损失。那么，农村土地承包方私自改变土地农业用途，需要承担赔偿责任吗？

问题剖析： 农村土地承包方私自改变土地农业用途，需要承担赔偿责任。根据我国《最高人民法院关于审理涉及农村土地承包纠纷案件适用法律问题的解释》第八条的规定，农村土地承包方擅自改变土地农业用途，发包方有权要求承包方停止侵害行为并赔偿损失。案例中的江某擅自在承包的耕地上建坟，改变了农村土地的农业用途，并且对耕地造成了一定程度的破坏，作为发包方的勐水村村委会，有权根据耕地的受损程度，要求江某进行相应赔偿。法院在审理此类案件时，一般会支持发包方的合理请求。

法条原文：《最高人民法院关于审理涉及农村土地承包纠纷案件适用法律问题的解释》第八条　承包方违反农村土地承包法第十七条规定，将承包地用于非农建设或者对承包地造成永久性损害，发包方请求承包方停止侵害、恢复原状或者赔偿损失的，应予支持。

⑰ 未经发包方同意，农村土地经营权的转让合同有效吗？

典型案例： 曩安村村民史某，在十几年前，以家庭承包方式获得了 8 亩土地的承包经营权，8 亩土地一直用来种植白花油茶树。后来，随着城市化进程的不断加快，史某和同乡一起到大城市的建筑工地务工，并很快在城市扎根，家里的承包地则留给妻子耕种。由于人缘关系较好且在工地上勤劳肯干，史某很快学到了一些实用技术，逐渐从工地小工成长为技术工，甚至开始组织一些工人团队，一起承包工地建设项目，成了一名"包工头"。随之而来的是其收入的大幅增加，几年之后，史某开始在城市买房落户，他把家人也接到城里生活，户籍也随之迁入城市。而留在老家的 8 亩承包地，史某通过转包的方式，流转给了同村村民乔某，双方约定流转期限为 5 年，转包费每年 2 400 元并且一次性付清。5 年的时间过得很快，史某与乔某的农村土地流转期限将至，乔某仍想继续转包。但是史某认为这样转包过于麻烦，反正自己几乎不回老家，不如直接将这 8 亩承包地转让给乔某。史某与乔某很快达成一致意见，双方签订了农村土地转让合同，乔某一次性支付史某转让土地的补偿费。

双方签完合同之后，乔某便开始在耕地上种植农作物。随着史某的年纪越来越大，其子女也都长大成人，史某和妻子商量之后，还是想着叶落归根，于是决定回农村养老，随而希望要回转让的承包地，用来种点蔬菜和玉米。史某找到乔某，请求乔某归还 8 亩承包地，当初收取的转让费可以全额退款。乔某认为，双方已经签订了土地转让合同，不同意退还。史某找了些相关法律来学习，他发现自己和乔某签订的农村土地转让合同，并未事先取得发包方的同意，便以此为理由，向当地法院提起了诉讼，请求判决转让合同无效。那么，未经发包方同意，史某与乔某签订的农村土地转让合同有效吗？

问题剖析：未经发包方同意，史某与乔某签订的农村土地转让合同无效。根据我国《最高人民法院关于审理涉及农村土地承包纠纷案件适用法律问题的解释》第十三条的规定，未经发包方同意，承包方转让土地经营权的合同无效，但发包方无故不同意或拖延的情况除外。案例中的史某和乔某同属曩安村村民，史某将 8 亩承包地转让给乔某，私下签订了农村土地转让合同，但并未告知发包方，即未取得发包方的同意，因而史某与乔某签订的农村土地转让合同无效。值得注意的是，近年来，随着城市化进程的持续推进，进城落户的承包户日益增多，国家鼓励进城农户自愿交回承包地或在本集体经济组织内转让承包地。

法条原文：《最高人民法院关于审理涉及农村土地承包纠纷案件适用法律问题的解释》第十三条 承包方未经发包方同意，采取转让方式流转其土地承包经营权的，转让合同无效。但发包方无法定理由不同意或者拖延表态的除外。

18. 未向发包方备案，农村土地经营权的互换合同有效吗？

典型案例：咪岗村村民王某承包了村里的 3 亩土地，主要分布在红尖山和石阿坝两个区域，红尖山0.7亩，石阿坝2.3亩。由于红尖山和石阿坝相距较远，王某的日常耕作十分不便。恰巧，咪岗村村民崔某在石阿坝承包了0.7亩土地，王某与崔某经过一番商议，决定将红尖山的0.7亩土地与崔某在石阿坝的土地进行互换，以便提高农业生产经营效率。随后，双方在自愿协商的基础上，签订了农村土地转包合同，约定承包期内不得反悔。两年之后，咪岗村响应当地政府号召，积极发展农业产业规模化经营，准备将石阿坝区域的100多亩耕地集中起来，统一流转给村里的承包大户，发展特色古树茶，农村土地转包费提高了一倍，村民们纷纷表示支持。互换土地之后，王某在石阿坝共有3亩承包地，但领取的土地转包费却只有2.3亩的标准，另外0.7亩的转包费发给了崔某。王某很气愤，拿着农村土地互换合同到村委会讨要说法，村委会工作人员告诉王某，王某与崔某未向发包方备案，互换的合同无效，仍然按照原有的承包关系分配转包费。于是，王某决定向当地人民法院起诉，申请裁定合同有效并要求补偿0.7亩土地的转包费。那么，法院会支持王某的诉求吗？

问题剖析：法院会支持王某的诉求。根据我国《最高人民法院关于审理涉及农村土地承包纠纷案件适用法律问题的解释》第十四条的规定，采取出租、互换等方式流转土地经营权的合同，即使没有进行备案，发包方也不能仅因未备案而认定合同无效。在农村土地承包时期，由于农村土地分布不均衡，农户承包地存在分散化的特征。为了提高农业生产的便利性，农户经常会私下互换土地，相对集中耕作。案例中的王某与崔某因耕种需要，互换了0.7亩土地，虽然没有严格按照程序向发包方备案，但农村土地互换合同依然有效，王某有权享有剩余的0.7亩土地转包费。

法条原文：《最高人民法院关于审理涉及农村土地承包纠纷案件适用法律问题的解释》第十四条　承包方依法采取转包、出租、互换或者其他方式流转土地承包经营权，发包方仅以该土地承包经营权流转合同未报其备案为由，请求确认合同无效的，不予支持。

⑲ 村委会擅自截留农村土地经营权的流转收益，需要返还给承包方吗？

典型案例： 昔甸村按照家庭承包经营的方式，早已实现农村土地承包到户。2012 年，洼寨村蔬菜种植大户侯某，准备到昔甸村发展有机蔬菜的规模化种植，需要租种大量农村土地。昔甸村村委会认为，规模经营是发展本村经济的重要渠道，也可以增加村民的土地流转租金收入。于是，村委会积极动员承包户流转土地经营权，最终共有 15 户承包户出租了 30 亩土地经营权，签订了农村土地流转合同，约定流转期限为 10 年，每年每亩土地租金 450 元。侯某获得土地经营权之后，便开始修整土地种植有机蔬菜。后来，这些承包户与侯某交流发现，侯某每年每亩土地支付的租金实际是 500 元，村里每年每亩截留了 50 元。昔甸村 15 户村民随即找到昔甸村村委会主任，要求村委会按实际标准支付土地租金。村委会主任却认为，农村土地所有权属于村里，村委会有权截留部分土地租金，用于开展一些公益事业。那么，昔甸村村委会主任的说法正确吗？村委会可以擅自截留农村土地经营权的流转收益吗？

问题剖析： 昔甸村村委会主任的说法不正确，村委会无权擅自截留农村土地经营权的流转收益。根据我国《最高人民法院关于审理涉及农村土地承包纠纷案件适用法律问题的解释》第十八条的规定，发包方擅自截留农村土地经营权的流转收益，应该将受益返还给承包方。案例中的侯某，租种了昔甸村 15 户承包户的 30 亩土地，每年每亩支付租金 500 元，而作为发包方的村委会，每年每亩截留了 50 元，这是一种典型的侵占农村土地流转收益的错误行为，昔甸村村委会应立即将剩余的土地租金返还给承包方。

法条原文：《最高人民法院关于审理涉及农村土地承包纠纷案件适用法律问题的解释》第十八条 发包方或者其他组织、个人擅自截留、扣缴承包收益或者土地承包经营权流转收益，承包方请求返还的，应予支持。

⑳ 农村集体土地的征收补偿费，应该如何分配呢？

典型案例：秦某出生于响叠村，大学毕业之后便留在城市工作，户口随之迁入工作所在地，而父母依然留在农村老家，主要依靠承包地的农业种植获取收入。2014 年以来，由于秦某就职的公司经营不善，公司销售收益持续降低，逐渐开始裁减部分员工，秦某不幸成为被裁的对象。失去工作的秦某一度陷入沮丧，但经过一段时间的调整，他逐渐明确了个人发展目标，决定回老家经营农业产业，也能够有更多时间陪伴、照顾父母。2014 年 10 月 12 日，秦某将户口重新迁入响叠村二组，随后便准备规模化种植苹果。2019 年 3 月，响叠村被纳入县域经济发展圈，需要统一规划建设，响叠村二组的农村承包地也因此要被政府征收。经过响叠村二组征地代表会议的讨论研究，决定以户口为标准分配土地补偿款，截至2018 年 12 月 31 日，凡户口在响叠村二组的村民，都可以获得相应的补偿款。然而，在征地补偿款分配之时，响叠村二组认为，秦某虽然户口迁入二组，但长期在城市工作，并没有为村组做过贡献，拒绝分配秦某土地补偿款。于是，秦某向基层法院提起了诉讼，要求响叠村二组依法支付土地补偿款。那么，法院会支持秦某的诉求吗？

问题剖析：法院会支持秦某的诉求。根据《最高人民法院关于审理涉及农村土地承包纠纷案件适用法律问题的解释》第二十四条的规定，农村集体经济组织、村委会或村民小组可以依法在集体内部分配土地补偿费，在分配方案拟定前，凡有本集体成员资格的成员均应分配相应份额。案例中的秦某于 2014 年 10 月 12 日将户口重新迁入响叠村二组，而响叠村二组确定户口认定的截止时间是 2018 年 12 月 31 日，秦某满足户口认定的标准，应当享受相应的土地补偿费，响叠村二组要及时给付土地补偿费。

法条原文：《最高人民法院关于审理涉及农村土地承包纠纷案件适用法律问题的解释》第二十四条　农村集体经济组织或者村民委员会、村民小组，可以依照法律规定的民主议定程序，决定在本集体经济组织内部分配已经收到的土地补偿费。征地补偿安置方案确定时已经具有本集体经济组织成员资格的人，请求支付相应份额的，应予支持。但已报全国人大常委会、国务院备案的地方性法规、自治条例和单行条例、地方政府规章对土地补偿费在农村集体经济组织内部的分配办法另有规定的除外。

第五部分　农村土地经营权的融资规定

　　农村土地经营权的融资担保问题由来已久。近年来，随着国家全面深化农村土地产权制度改革，国家逐渐赋予了农村土地经营权的融资担保权能，并经过先期若干试点区域的探索和实践，如云南省富民县、剑川县、砚山县等试点地区，已经取得了一些成果和经验。《农村土地承包法》第四十七条规定："承包方可以用承包地的土地经营权向金融机构融资担保，并向发包方备案。受让方通过流转取得的土地经营权，经承包方书面同意并向发包方备案，可以向金融机构融资担保。"根据上述法律规定可以知道，按照一定的标准、条件和程序，农村土地经营权可以用于融资担保。具体而言，在农村土地所有权、承包权和经营权相分离的框架之下，只要符合相关资格和条件，通过家庭承包方式和农村土地流转方式依法取得的土地经营权，都可以作为担保向银行业金融机构进行融资。本部分的核心内容主要以上述背景为出发点，围绕农村土地经营权融资担保的相关法律内容，通过"生动形象描述现实问题、采用典型案例反映问题、结合法条剖析问题和法条具体呈现"四个部分，解读重点法律条文，希望可以加深读者对具体法条和现实问题的理解。

1. 通过家庭承包方式取得的农村土地经营权，可以用来融资担保吗？

典型案例： 中仪村村民尤某，家里共有 3 口人，唯一的儿子已经大学毕业，留在大城市工作。在农村土地承包时期，尤某分得了村里 4 亩土地的承包经营权。一直以来，尤某夫妻两人在家种植玉米，并用空闲时间打点零工，整体收入水平还算不错。近几年，随着中仪村大力发展姬松茸产业，家家户户都或多或少地发展了几棚姬松茸，收入比纯粹种植玉米、甘蔗等农作物高出很多。尤某和妻子看到村民们的种植成效，也打算用承包的 4 亩土地种植姬松茸。然而，尤某夫妇长期在家务农，供养儿子读完大学之后，多年的积蓄已所剩无几，但种植姬松茸的前期投入成本较高，这让尤某陷入了困惑之中。有一天，尤某像往常一样和村民们坐在一起闲聊，听到大家说起农村承包地可以融资担保的事情，顿时来了兴趣。尤某心想，原来农村土地承包方还有这样的权益，如果农村承包地真的可以融资担保，那就解决了自己的燃眉之急。于是，尤某决定到中仪村村委会咨询农村承包地融资担保的事情。那么，农村承包地可以融资担保吗？

问题剖析：严格来说，农村承包地属于集体所有，不能用来融资担保，但农村承包地的经营权可以融资担保。根据我国《农村土地承包法》第四十七条的规定，农村土地承包方可以利用土地经营权进行融资担保，但应当向发包方备案。案例中的尤某由于种植姬松茸缺乏资金，有权利用承包地的经营权进行融资担保，至于具体的融资担保程序，尤某可以到中仪村村委会或银行业金融机构咨询，但要向发包方即农村集体经济组织或村委会备案。值得注意的是，在这种情况下，农村土地承包方只需向发包方备案，而非取得发包方的同意，也即发包方不得无故干扰承包方的农村土地经营权融资担保行为。

法条原文：《农村土地承包法》第四十七条　承包方可以用承包地的土地经营权向金融机构融资担保，并向发包方备案。受让方通过流转取得的土地经营权，经承包方书面同意并向发包方备案，可以向金融机构融资担保。

……

❷ 受让方的农村土地经营权，可以融资担保吗？

典型案例： 团撒村村民程某，高中毕业之后，长期在外务工，后来经人介绍，学习了一门电焊手艺，并且找到一家待遇不错的工厂上班，收入也还不错。近年来，由于受到新冠肺炎疫情的影响，程某所在的工厂经营不景气，工厂运转的资金链条逐渐紧张，程某等员工的工资奖金也下降较多，甚至部分员工都失去了工作机会。程某是一个性格急躁的人，看到工厂待遇下降，便产生了辞职回家的想法。再加上这几年，国家对农村的扶持力度越来越大，农村的发展机会也增多了，很多当时一起外出务工的同乡都回老家成功创业，程某也想回家做一番事情。经过几天的思考，程某辞掉了工厂的工作，计划回家流转一些土地，发展规模化果树种植产业。时间过得很快，程某回家之后就流转了村里的 15 亩土地，和承包户签订了农村土地流转协议后，便开始规划土地，大规模购买树苗种植果树。然而，由于缺乏果树栽培和病虫害防治技术的培训，程某种植的果树成活率较低，损失严重。程某在伤心之余，并没有失去信心，他打算专门去学习相关种植技术，再来继续种植果树，但他种植和维护果园的资金却已经不足，筹措资金的方法也都没有效果。同村的赵某告诉程某，现在可以用农村土地经营权去银行融资担保，建议程某直接去银行咨询融资流程。程某认为，这 15 亩土地又不是自己的，自己只是享有土地经营权，恐怕银行不会批准。那么，程某可以利用流转的农村土地经营权融资担保吗？

问题剖析： 程某可以利用流转的农村土地经营权进行融资担保，但必须满足一定的前提条件。根据我国《农村土地承包法》及《农村土地经营权流转管理办法》的相关规定，农村土地经营权的受让方可以利用土地经营权进行融资担保，但必须经过农村土地承包方的书面同意，并向发包方备案。案例中的程某作为农村土地经营权的受让方，如果想要利用农村土地经营权进行融资担保，可以事前取得这 15 亩土地承包户的书面同意，并向发包方备案，才能够按程序向银行业金融机构申请融资担保。然而，在现实操作过程中，一些农村土地承包方由于各种因素或顾虑的影响，甚至担心丢失承包地的承包权或经营权，不愿意支持受让方利用土地经营权进行融资担保，从而影响了农业生产领域的信贷投入力度。

法条原文：《农村土地承包法》第四十七条　承包方可以用承包地的土地经营权向金融机构融资担保，并向发包方备案。受让方通过流转取得的土地经营权，经承包方书面同意并向发包方备案，可以向金融机构融资担保。

……

《农村土地经营权流转管理办法》第十二条　受让方将流转取得的土地经营权再流转以及向金融机构融资担保的，应当事先取得承包方书面同意，并向发包方备案。

❸ 通过公开协商方式承包的农村土地，其土地经营权可以抵押贷款吗？

典型案例：何某是一个水产销售商人，长年从事水产的批发和销售工作，日常收入非常可观。前段时间，由于水产品的批发价格上涨，而销售价格却难以有相同程度的提升，何某的经营收入持续下降。何某时常在想，如果自己能够养殖水产，那么水产批发成本就会降低很多，但由于没有合适的水产养殖场地，何某的想法一直没有实现。最近，何某听说罗坡村有10亩荒沟可以承包经营，便赶紧去咨询荒沟承包的相关事项。最终，何某与罗坡村村委会达成了承包意向，并取得罗坡村村民代表的一致同意，通过公开协商方式承包了10亩荒沟，用来进行水产养殖。双方签订了承包合同，约定承包期限10年，承包费为每年每亩400元。随后，何某依法获得了这10亩荒沟的权属证书，并开始进行水产养殖。然而，由于何某的水产养殖和销售规模扩大较快，日常经营的资金缺口偏大，于是想利用10亩荒沟的经营权办理抵押贷款，以此缓解资金紧张的压力。那么，何某通过公开协商方式承包的农村土地，其土地经营权可以抵押贷款吗？

问题剖析：何某通过公开协商方式承包的农村土地，其土地经营权可以抵押贷款。根据我国《农村土地承包法》第五十三条的规定，通过拍卖、公开协商等方式承包的农村土地，且依法取得土地权属证书，可以采取出租、入股、抵押等方式流转土地经营权。我国相关法律明确规定，针对不适宜采取家庭承包方式的荒山、荒沟等"四荒地"，可以通过拍卖、公开协商等方式承包。案例中的何某通过公开协商方式承包了10亩荒沟，并依法获得了荒沟的权属证书，有权采取抵押方式流转土地经营权。何某可以向当地银行业金融机构咨询抵押贷款流程，争取在承包期剩余时间内获得银行贷款。

法条原文：《农村土地承包法》第五十三条　通过招标、拍卖、公开协商等方式承包农村土地，经依法登记取得权属证书的，可以依法采取出租、入股、抵押或者其他方式流转土地经营权。

❹ 农村承包地存在权属争议，其土地经营权还可以抵押贷款吗？

典型案例：毛某和郑某都是益仑村村民，他们在农村土地承包时期，各自分得了一些承包地，且承包地的位置相邻。益仑村属于高山寒区，每年雨季的雨水较多，长时间冲蚀山区土地，造成毛某和郑某承包地的界线模糊，致使两人时常因为承包地边界问题产生纠纷。后来，郑某外出务工，承包地由其父亲在家耕种，毛某则趁机将两家争议的土地划归己有，用来种植洋丝瓜。国庆假期，郑某回家探亲，偶然发现了毛某的占地行为，随而找到毛某讨要说法，但毛某并不理睬。于是，郑某申请益仑村村委会参与调解纠纷。经过村委会的协调，双方依然各执己见，并未达成调解协议。事后，毛某由于缺乏农业生产经营资金，决定利用承包地的经营权进行抵押贷款。在了解相关程序之后，毛某向益仑村村委会进行了备案，随即向当地农村信用社申请了抵押贷款。那么，毛某利用权属有争议的农村土地经营权进行抵押贷款，会顺利通过申请吗？

问题剖析：农村承包地存在权属争议，其土地经营权不能进行抵押贷款，因而毛某很难顺利通过农村信用社的申请。根据我国《农村承包土地的经营权抵押贷款试点暂行办法》第六条的规定，通过家庭承包方式取得的农村土地经营权，其抵押贷款必须符合一定的条件，其中一条即"用于抵押的承包地没有权属争议"。案例中的毛某和郑某因承包地的界线不清产生纠纷，毛某私自将争议土地划归己有，并利用争议土地的经营权进行抵押贷款，有违相关抵押贷款的试点规定，不符合农村土地经营权的抵押条件，很难通过当地农村信用社的审核审查。

法条原文：《农村承包土地的经营权抵押贷款试点暂行办法》第六条

通过家庭承包方式取得土地承包经营权的农户以其获得的土地经营权作抵押申请贷款的，应同时符合以下条件：

（一）具有完全民事行为能力，无不良信用记录；

（二）用于抵押的承包土地没有权属争议；

（三）依法拥有县级以上人民政府或政府相关主管部门颁发的土地承包经营权证；

（四）承包方已明确告知发包方承包土地的抵押事宜。

5. 农村土地经营权的抵押贷款，应当主要用于农业生产经营吗？

典型案例： 泸崇村刀某承包了村里的 5 亩土地，一直用来种植柑橘。经过精心栽培和管理，刀某种植的柑橘产量和口味都很不错，市场销售情况表现良好，刀某也因此提高了家庭收入。近些年来，由于泸崇村青壮年劳动力外出务工，农村闲置土地增多，刀某便通过转包方式流转了 10 亩土地经营权，用来扩大柑橘的种植规模，流转期限 15 年。然而，就在柑橘即将收获的季节，刀某的妻子突发疾病，治疗急需大笔费用。为了筹集妻子的医疗费用，刀某决定将家庭承包的 5 亩土地经营权，以及转包的 10 亩土地经营权一起抵押贷款，以此筹措治疗费用。经过多次的恳求和商议，刀某取得了这 10 亩土地承包方的书面同意，并向发包方进行了备案，便准备到当地银行进行抵押贷款。刀某为人一向憨厚老实，在填写相关表格之时，如实填写了治疗费用的贷款用途。那么，农村土地经营权的抵押贷款，可以主要用于支付医院的治疗费用吗？

问题剖析： 农村土地经营权的抵押贷款，应当主要用于农业生产经营，而非医院的治疗费用。根据我国《农村承包土地的经营权抵押贷款试点暂行办法》第八条的规定，农村土地经营权的抵押贷款，应主要用于农业生产经营活动，并且需要满足贷款人认可的合法用途。国家鼓励金融机构增加农业信贷投入，推动农业经营主体尤其是规模经营大户发展农业产业。案例中的刀某利用承包地及转包土地的经营权进行抵押贷款，取得了农村土地承包方的书面同意并向发包方备案，已经满足了抵押贷款的基本条件，但农村土地经营权的抵押贷款用途不符合要求，不属于信贷资金的重点扶持领域。

法条原文：《农村承包土地的经营权抵押贷款试点暂行办法》第八条

借款人获得的承包土地经营权抵押贷款，应主要用于农业生产经营等贷款人认可的合法用途。

6. 农村土地经营权的抵押贷款，应该如何确定贷款额度呢？

典型案例： 金址村村民曹某长期在家务农，但由于家庭承包地的面积较小，一直以来，曹某的务农收益并不明显，常常需要依靠打零工来补贴家用。后来，曹某多次和家人商议，决定成立一家农业专业合作社，用以扩大农业生产经营规模，从而提高家庭收入水平，也能带动村民共同发展。2013 年，曹某成立了一家白花油茶专业合作社，主要进行白花油茶的技术培训、统一种植和销售等经营活动。合作社流转了社员及村内承包户的 63 亩土地经营权，并雇用村民集中种植白花油茶树。然而，白花油茶树投资收益周期较长，采购优质树苗和管理维护成本相对偏高，导致合作社的资金储备十分紧张，有时甚至难以支付流转的土地租金及日常管理人员的工资。于是，曹某征得承包方书面同意之后，决定将 63 亩土地经营权进行抵押贷款，以此筹措白花油茶树的管理维护资金。曹某为人一向勤劳踏实，在村里很讲信用，人缘关系也不错，但他从未向亲朋好友借过款，更不用说利用农村土地经营权抵押贷款了。因此，曹某内心有点不放心，他不清楚这次贷款的额度，担忧额度太低解决不了资金紧张的问题。那么，农村土地经营权的抵押贷款，如何确定贷款的额度呢？

问题剖析： 农村土地经营权的抵押贷款额度，有严格的评估标准和条件。根据我国《农村承包土地的经营权抵押贷款试点暂行办法》第九条的规定，贷款人要综合考虑借款人的信用状况、偿还能力、经营权价值等因素，确定农村土地经营权的贷款额度，鼓励对信用度较高的借款人提高贷款抵押率。案例中的曹某为人诚实勤劳，在村子里的信用度较高，他利用白花油茶专业合作社流转的 63 亩土地经营权进行抵押贷款，且取得承包方的书面同意，符合国家政策和金融机构的支持范围。银行业金融机构可以请专业机构评估合作社的土地经营权价值，并根据曹某的信用情况及偿还能力确定贷款额度。曹某不必过于担心，他的信用度较高，在同等条件下甚至可以获得更高的贷款额度。

法条原文：《农村承包土地的经营权抵押贷款试点暂行办法》第九条

贷款人应当统筹考虑借款人信用状况、借款需求与偿还能力、承包土地经营权价值及流转方式等因素，合理自主确定承包土地的经营权抵押贷款抵押率和实际贷款额度。鼓励贷款人对诚实守信、有财政贴息或农业保险等增信手段支持的借款人，适当提高贷款抵押率。

第六部分 云南农村土地经营权流转政策的部分解读

近年来，云南省农村土地经营权的流转范围和规模不断扩大，有效推动了农业规模经营和农民增收致富，但其引发的各类问题也逐渐显露，主要体现在部分基层政府工作人员和村组干部重视程度不够，学习理解农村土地经营权流转政策的力度不足；中老年农民由于法律基础知识相对薄弱，难以把握专业性较强的法律政策内容；新型农业经营主体担心政策不稳定，投资农业领域的信心不足。鉴于此，本部分的核心内容主要以上述背景为出发点，围绕中共云南省委、云南省人民政府印发的《关于引导和规范农村土地经营权流转发展农业适度规模经营的实施意见》相关内容，结合基层调研和访谈中搜集到的几个重点问题，通过"生动形象描述现实问题、采用典型案例反映问题、结合法条剖析问题和政策具体呈现"四个部分，解读重点法律条文，希望可以提升基层政府工作人员、村组干部、农业经营主体和农民等人员对相关法律政策的理解运用能力，引导和规范农村土地经营权流转市场，减少农村土地经营权流转纠纷，推动农村经济发展和农村社会稳定。

❶ 农村土地经营权的流转，需要尊重农村土地承包方意愿吗？

典型案例：绥栗村是一个贫困村，村民主要以务农和打零工为生。绥栗村村民郭某，在农村土地承包时期，承包了村里的3亩土地，一直用于种植玉米。近年来，为了大力推进农村产业扶贫，绥栗村引进了一家种桑养蚕公司，准备大规模种植桑树养蚕，带动村民一起脱贫致富。随后，绥栗村村委会划定了一片相对集中的坝子，并号召涉及的农村土地承包方，将土地经营权流转给种桑养蚕公司，集中种植桑树养蚕。经过村委会的多次动员，大部分承包方都愿意流转土地经营权，但郭某等少数承包方由于长期在家务农，习惯了种植玉米等农作物，不愿流转土地经营权。最后，村委会工作人员告诉郭某等人，流转土地既可以获得租金收入，自己也能到公司学习相关技术，符合大多数农村土地承包方的集体利益，要求郭某等人必须支持村里工作，否则就强制流转。郭某等少数农村土地承包方无奈之下，只能同意流转土地经营权，但内心十分不满。那么，农村土地经营权的流转，需要尊重农村土地承包方意愿吗？

问题剖析：农村土地经营权流转必须要尊重承包方的意愿。根据我国农村土地流转的相关法律规章以及云南省《关于引导和规范农村土地经营权流转发展农业适度规模经营的实施意见》第三条的规定，农村土地经营权流转不得违背承包户意愿，更不能损害农民利益。案例中的绥栗村村委会为了推动村子发展和村民脱贫致富，吸引种桑养蚕公司流转土地发展规模经营，这是一种非常有益的尝试，但动员郭某等农村土地承包方流转土地经营权的方式过于强硬，违背了农村土地承包方的意愿。事实上，绥栗村村委会可以采取灵活的方式，通过互换农村土地来进行调整，可以避免引发矛盾。

政策原文：第三条　加强土地经营权流转管理和服务：土地经营权流转不得违背承包农户意愿、不得损害农民权益、不得改变土地用途、不得破坏农业综合生产能力和农业生态环境。

❷ 农村土地经营权的受让方，可以在流转的基本农田上建房养蜂吗？

典型案例：蕨水村村民徐某承包了村集体的 5 亩土地，其中包括 2 亩基本农田，一直用来种植水稻。近年来，徐某由于年纪偏大，难以继续进行农业耕作，便将承包的5亩土地经营权转包给了同村村民孙某，并签订了农村土地流转合同。孙某获得农村土地经营权之后，打算在农村发展养蜂业。经过一番走访调查，孙某发现转包的2亩基本农田附近，有大量的野花围绕，并且远离农作物种植区域，可以避免遭受污染，非常适合养蜂取蜜。于是，孙某和家人商议之后，决定在基本农田建房养蜂。然而，蜂房刚建到一半，蕨水村村庄规划管理员杨某赶到现场进行制止，杨某告诉孙某，基本农田是国家的优质耕地资源，是稳定粮食生产的重要保障，不允许建设蜂房毁坏耕作条件。孙某认为自己转包了这2亩基本农田，有权自主进行生产经营，即使放弃建房养蜂，村委会也应该补偿自己施工的损失。杨某将情况反映给了蕨水村村委会，村委会拒绝进行补偿，并要求孙某立即停止建房行为，双方产生纠纷。那么，孙某可以在转包的基本农田上建房养蜂吗？

问题剖析：孙某不能在转包的基本农田上建房养蜂。根据云南省《关于引导和规范农村土地经营权流转发展农业适度规模经营的实施意见》第三条的规定，严禁占用基本农田挖塘栽树以及其他破坏耕种条件的行为。案例中的孙某违反基本农田管理的相关规定，私自在转包的基本农田上建房养蜂，改变了基本农田重点发展粮食的用途，甚至会破坏农田耕种条件。蕨水村村委会了解情况之后，应当要求孙某立即停止违法行为，令其限期拆除。

政策原文：第三条 加强土地经营权流转管理和服务：严禁占用基本农田挖塘栽树及其他毁坏种植条件的行为。

3. 农村土地经营权的受让方，可以优先享有农田灌溉建设项目吗？

典型案例：峨念村是一个传统农业村寨，村民们以务农为生。近年来，随着城市化进程的不断加快，峨念村大批村民外出务工，农村承包地抛荒弃耕问题较为普遍。峨念村村民朱某，承包了村里的6亩水田，一直用于种植水稻。朱某自幼头脑灵活且学会使用一些农业机器，便打算转包村里的闲置土地，用于扩大水稻种植面积和提升规模经营水平，还能够享受国家的各类农业补贴。经过商议，朱某很快与村民达成一致意见，通过转包方式流转了90亩农村土地经营权，并签订了农村土地流转合同，约定转包期5年，每年每亩土地转包费500元。朱某获得农村土地经营权之后，便开始准备整理土地种植水稻，但由于周边农田水利设施不完善，朱某内心存在一定的灌溉担忧。最近，朱某听说当地政府要兴建一批农田灌溉设施，鼓励支持新型农业经营主体发展种植业。朱某认真准备了申请材料，期望政府可以优先在峨念村建设农田灌溉设施，解决农田灌溉不足的问题。那么，作为农村土地经营权的受让方，朱某可以优先享有农田灌溉建设项目吗？

问题剖析：如果满足当地政府关于农村土地的受让规模和条件，朱某可以优先享有农田灌溉建设项目。根据云南省《关于引导和规范农村土地经营权流转发展农业适度规模经营的实施意见》第四条的规定，农村土地经营权的受让主体达到一定规模且符合相应条件，可以优先安排农田水利建设、农技推广等建设项目。案例中的朱某作为农村土地经营权的受让方，转包了峨念村90亩承包地，用于规模化种植水稻，达到了一定的农业生产规模，但这种规模是否符合当地政府规定的标准和条件，还需由当地政府依据标准进行判断。如果符合规定，朱某可以优先享有农田灌溉建设项目。

政策原文：第四条　积极发展农业适度规模经营：对受让土地达到一定规模的农业经营主体，符合相关条件的，优先安排农田水利建设、农村土地整理、农业综合开发、农技推广、特色农产品基地等建设项目和农机补贴项目。

4. 工商部门办理农民专业合作社登记，可以收取一定费用吗？

典型案例：梨租村属于典型的干热河谷气候，每天早晚温差较大，非常适合种植水果且交通运输便利，大部分村民利用承包地种植葡萄、石榴、椪柑等水果，但主要是以家庭承包为单位进行的小规模、分散化经营，村民们种植水果的收益十分不稳定，时常面临农资采购成本偏高、市场信息把握不准、抵御经营风险能力较弱、缺乏长期合作的销售渠道等问题。梨租村村民赵某和其他村民一样，在自家承包的 4 亩土地上种植了葡萄，但由于种植规模较小，缺乏稳定的销售渠道，种植的葡萄销售价格偏低，一直以来收益不明显。于是，赵某决定联合部分村民成立农民专业合作社，可以流转土地扩大种植规模，也能彼此之间相互帮助、共同经营，从而提高水果种植的质量和效益。经过一段时间的动员，赵某和 10 户村民在自愿协商的基础上，达成了一致协议，到当地工商部门登记办理农民专业合作社。工商部门工作人员告诉赵某，需要缴纳一定的服务费，才能办理农民专业合作社登记。那么，工商部门办理农民专业合作社登记，可以收取一定费用吗？

问题剖析：工商部门办理农民专业合作社登记不得收费。根据云南省《关于引导和规范农村土地经营权流转发展农业适度规模经营的实施意见》第五条的规定，各地要积极鼓励成立农民合作组织，工商部门办理农民专业合作社登记不得收费。案例中的梨租村村民赵某，为了提高水果种植的质量和收益，联合 10 户村民成立农民专业合作社，但在办理登记时却被告知需要缴纳服务费，这是不符合相关规定的，赵某等人可以拒绝缴纳服务费。

政策原文：第五条 加快发展家庭农场和农民合作组织：鼓励发展多种形式的农民合作组织，深入推进示范社创建活动，工商部门办理农民专业合作社登记不得收费。

5. 农村土地经营权的租赁企业，必须优先吸纳当地农民就业吗？

典型案例：保某是一家魔芋公司的负责人，随着公司推出魔芋系列新产品，公司的市场认可度快速提高，魔芋销售量和收益日益增加。在此背景之下，保某准备在农村租种一些土地，扩大魔芋种植规模和产量，以此保证供给充足的原材料。正当此时，保某得知良佐村因青壮年劳动力外出务工，留守的老人耕地能力有限，导致农村土地闲置情况较多，便打算到良佐村流转部分农村土地经营权，用于种植魔芋。通过与良佐村村委会的协调商议，魔芋公司很快和良佐村农村土地承包方达成了流转意愿。然而，就在双方准备签订流转合同之时，良佐村村委会告诉保某，魔芋公司流转农村土地经营权之后，需要大量魔芋种植和管护人员，必须优先雇用出租农村土地经营权的承包方及当地农民，满足农村留守人员的就业需求。作为农村土地经营权的租赁企业，保某的魔芋公司必须优先吸纳当地农民就业吗？

问题剖析： 农村土地经营权的租赁企业，可以优先吸纳当地农民就业，但并未有强制规定。根据云南省《关于引导和规范农村土地经营权流转发展农业适度规模经营的实施意见》第六条的规定，鼓励农业企业优先吸纳土地经营权租赁给企业的农民及当地农民就业。近年来，随着国家层面的鼓励和支持，大量工商企业等社会资本下乡流转农村土地经营权，盘活了农村土地资源，有效增加了农民收入。在此背景之下，鼓励农业企业优先雇用出租土地的农民和当地农民，有利于进一步增加农民收入和推动农村土地流转规模。案例中的良佐村村委会，强制要求魔芋公司必须优先吸纳当地农民就业，这种做法不正确。作为农村土地经营权的租赁方，魔芋公司可以依法自主选择如何招聘工作人员。事实上，良佐村村委会可以采取适当鼓励措施或优惠力度，鼓励魔芋公司优先吸纳出租农村土地经营权的农民和当地农民就业，实现多方的协商共赢。

政策原文： 第六条　鼓励发展适合企业化经营的现代种养业：鼓励农业企业优先吸纳土地经营权租赁给企业的农民和当地的农民就业。

⑥ 农村土地经营权可以"大跃进式"流转吗？

典型案例： 普盟镇是一个低丘缓坡耕地较多的山区城镇，下辖腾华村、扁何村等五个行政村。近年来，为了有效保护优质农田，普盟镇政府鼓励开发利用低丘缓坡耕地，用于种植蔬菜和果树，有效提升了农村土地资源的利用效率及农业生产经营收益，但农业生产规模小、竞争弱的问题依然没有改变。基于此，普盟镇按照国家和上级政府的部署安排，积极推进辖区各村寨农村土地经营权的流转，发展农业适度规模化经营。经过几年的努力，普盟镇农村土地经营权的流转范围和规模不断扩大，农产品的产业化和竞争力明显提升。然而，普盟镇腾华村由于村组干部重视程度不够，学习理解农村土地流转政策的力度不足，导致农村土地流转规模相对滞后，严重影响了全镇农业规模化经营的有序推进，腾华村村干部也因此受到批评。在此压力之下，腾华村村干部经过商议，决定采取"大跃进式"的农村土地流转方式，将村里的低丘缓坡耕地集中起来，统一流转给当地的农业发展公司，用于种植蔬菜。然而，这种"大跃进式"农地流转忽视了当地实际情况和承包方意愿，遭到部分承包方的反对。最终，腾华村村委会以"少数服从多数"的名义，强行将村里的低丘缓坡耕地进行集中流转。那么，腾华村村委会的做法正确吗？农村土地经营权可以"大跃进式"流转吗？

　　问题剖析：腾华村村委会的做法不正确，不能"大跃进式"流转农村土地经营权，更不能违背农村土地承包方的流转意愿。根据云南省《关于引导和规范农村土地经营权流转发展农业适度规模经营的实施意见》第九条的规定，各级党委和政府要严格规范农村土地经营权流转，不能搞"大跃进式"农地流转。近年来，随着国家和各级政府的大力推动，我国农村土地经营权的流转范围和规模不断扩大，其流转过程也日益规范。然而，部分地区政府或村寨出于完成任务的要求，片面追求农村土地流转的快速规模化，忽视了当地社会经济发展的实际情况。案例中的腾华村村委会为了弥补自身工作滞后问题，采取"大跃进"方式大规模流转低丘缓坡耕地，忽视了当地实际情况和农民意愿，在面临部分承包方的反对之后，又以"少数服从多数"的名义强行流转土地经营权，有违农村土地经营权流转的相关法律政策。

政策原文：第九条　强化对新型农业经营主体的扶持力度；严格依法办事，不能搞"大跃进"，不能搞强迫命令，不能搞行政瞎指挥，及时查处违纪违法行为。